H.V.1903.

Alexander Jesch

# Die Forellenkönigin

H.V. 1908

Alexander Jesch

# DIE FORELLENKÖNIGIN

und andere

Sagen und Märchen

nach Motiven aus dem Vogtland

Illustrationen nach Zeichnungen von

Hermann Vogel

RHINOVERLAG

# Inhaltsverzeichnis



Verlag und Autor bedanken sich beim Vogtlandmuseum Plauen für die Bereitstellung der Zeichnungen von Hermann Vogel.

# KIENMÜHLE

# Von der Forellenkönigin

Das Kemnitzbachtal gehört zu den schönsten Tälern des Vogtlandes. Steile Hänge, auf denen alte Fichten und Eichen wurzeln, begleiten den Bach von der Quelle bis zu seiner Mündung in die Weiße Elster. Die Jahrtausende haben gewaltige Felsbrocken von den Höhen ins Tal stürzen lassen, zwischen ihnen gibt es stille Wasser. Und dort, wo die Sonne durch die dichten Zweige der hohen Fichten dringt, spiegeln sich die Wolken und die Wipfel der Bäume im klaren Wasser.

Im Talgrund verborgen steht eine Mühle, die seit vielen Jahren nicht mehr bewohnt wird. Es ist die Kienmühle. Sie heißt so, weil dort nicht nur Korn gemahlen, sondern auch Pech gesotten wurde. Keiner kann sagen, wie alt die Grundmauern der Kienmühle sind. Immer wenn sie durch Brand, Krieg oder Hochwasser zum Schweigen gebracht wurde, gab es bald einen neuen Müller, der die Kraft des Baches für ein gutes Mühlrad zu schätzen wußte.

Einst lebte ein Müller in der Kienmühle, der hatte sich dem Wilden Jäger verschworen. Niemand wußte genau, was den finsteren Mann ins Kemnitzbachtal verschlagen hatte. Den Bauern war es gleich. Sie brauchten einen Müller für ihre Mühle, und so nahmen sie sein heftiges Gebaren in Kauf. In Wirklichkeit verhielt es sich so, daß der Müller einmal in blindem Zorn einen unschuldigen Mühlenknappen erschlagen hatte. Als er erfuhr, daß die Fronknechte des Gerichtes unterwegs waren, um ihn in den Turm zu werfen, schlich er sich um

Mitternacht zu einem Kreuzweg und rief den Wilden Jäger um Hilfe an. Es dauerte nicht lange, und düstere Wolken verdeckten den Sternenhimmel. Das helle Licht des Mondes verlosch. In den Wipfeln der Bäume begann ein Sturm zu heulen und zu toben, daß sie sich ächzend und knarrend fast bis zur Erde bogen.

Den Müller packte Entsetzen, aber die Furcht vor dem Gericht und vor dem Galgen ließ ihn dennoch ausharren.

Plötzlich vernahm er lauten Hufschlag. Woher der Wilde Jäger kam, konnte der Müller nicht sagen, aber plötzlich stand ein riesiges schwarzes Pferd mit flatternder Mähne und funkensprühenden Nüstern vor ihm. Darauf saß der Wilde Jäger, der noch viel schrecklicher aussah als sein Roß.

„Hoho!“ schrie der Wilde Jäger. „Du hast mich gerufen? Hier bin ich! Was willst du von mir?“

Der Müller, dem vor Furcht die Zähne klapperten und die Knie schlotterten, nahm allen Mut zusammen. „Herr“, stotterte er, „morgen kommen die Gerichtsknechte, um mich in den Turm zu werfen. Ich will nicht an den Galgen. Hilf mir, Herr!“

Der Wilde Jäger lachte verächtlich. „Wer will schon an den Galgen?“ Seine Augen glühten und ließen den Müller erstarren.

„Alles, was ich habe und besitze, soll Euer sein, Herr...“, stammelte er verzweifelt.

„Was soll ich mit Geld und derlei Plunder?“ rief der Wilde Jäger abfällig. „Von diesem Zeug hab’ ich genug in meinen Kammern. Gib mir deine Tochter, wenn sieben Jahre herum sind. Ich will sie als Braut zu mir holen.“, sprach’s und riß dabei dem Müller die Kappe vom Kopf, indem er drohte: „Das werde ich dir zum Zeichen bringen, wenn du die Hochzeit bereiten sollst!“

Der Müller versprach in seiner Angst alles, was der Wilde Jäger forderte. Sieben Jahre sind eine lange Zeit, dachte er. Bis dahin würde sich bestimmt ein Weg finden, den Wilden Jäger wieder loszuwerden.

„Sei vor dem ersten Hahnenschrei mit deiner Tochter hier an diesem Platz!“ befahl der Wilde Jäger. „Hüte dich, auch nur irgend jemand ein Sterbenswörtchen über unseren Vertrag zu sagen. Vertraue mir, was auch immer geschieht!“

Der Sturm brauste weithin durch die Baumwipfel und fegte die Wolken beiseite. Das kalte Mondlicht ließ den Müller den Heimweg finden. Er tat alles so, wie es der Wilde Jäger gefordert hatte.

Noch ehe der Hahn zum ersten Male krähte, kam der Wilde Jäger wieder zum Kreuzweg, wo ihn der Müller mit seiner Tochter erwartete. Der Jäger hob beide auf sein Roß und hüllte sie in einen weiten schwarzen Mantel. Dann flogen sie hoch empor. Der Sturm fauchte. Blitze zuckten. Donner krachte. Doch plötzlich löste sich der Zauber, und sie standen vor der Kienmühle.

„Denk an die sieben Jahre!“ scholl es aus den schwarzen Wolken. Dann wurde es ganz still. Nur der Bach plätscherte und der Morgenwind rauschte sacht in den Zweigen der Bäume. Als die Sonne aufging, kam der Schultheiß des Dorfes, zu dem die Mühle gehörte, gab dem Müller die Schlüssel und begrüßte ihn als neuen Herrn der Kienmühle.

Jahr für Jahr verging. Die Tochter des Müllers wuchs in der Einsamkeit des Tales heran und erinnerte sich überhaupt nicht mehr daran, wie sie mit dem Vater hierhergekommen war. Sie wurde ein schönes Mädchen, nach dem sich alle ledigen Burschen umsahen, wenn es hin und wieder ins Dorf kam.

Die Leute tuschelten miteinander und fragten sich, mit wem die liebliche Müllerstochter wohl Hochzeit halten werde.

Eines Tages wanderte ein junger Mühlknappe das Kemnitztal aufwärts und fragte beim Kienmüller nach Arbeit und Brot. Der Bursche, Georg mit Namen, war in seinem Beruf geschickt und erfahren, und es mangelte ihm auch nicht an Arbeitseifer, an Freundlichkeit und Hilfsbereitschaft. Er liebte den Wald. Und sooft es seine freie Zeit erlaubte, streifte er an den Bächen entlang, lauschte dem Rauschen der Bäume und dem Gesang der Vögel. Er freute sich am fröhlichen Plätschern des Wassers, und oft sah er lange dem Spiel der Fische zu.

In der Mühle, in der er zuletzt gearbeitet hatte, war der Müller gestorben. Die Herren, denen die Mühle gehörte, hatten Georg angetragen, sie als Pächter zu übernehmen, aber er besaß nichts, womit er die Pacht hätte bezahlen können. Also hatte er sich auf die Wanderschaft begeben. Eines Tages hörte er die wunderliche Geschichte vom finsteren Kienmüller und seiner lieblichen Tochter. Er vernahm aber auch, daß es keiner länger als einen Sommer in der Kienmühle aushielte. Georg reizte es, diesen Müller näher kennenzulernen. Vor allem aber wollte er die Müllerstochter sehen, über deren Schönheit man nicht genug zu erzählen wußte.

Eines Tages, als sich die Sonne schon zum Abend neigte, kam er bei der Kienmühle an. Inmitten einer von bunten Blumen übersäten Wiese stand sie, ringsum rauschten dunkle Tannen und riesige Eichen, dahinter stiegen steil die Berge auf.

Der Müller trat dem Burschen am Tor entgegen. Georg sah in die kalten Augen des Mannes. Er brachte bescheiden und nach Zunftsitte sein Anliegen vor.

Der Müller nickte und ließ den Burschen durch's Tor in den Hof eintreten.

„Wenn du es bis zum Herbst aushältst, so will ich dir einen guten Lohn zahlen, auch Speis und Trank sollst du haben, dazu eine Schlafkammer“, sagte er, nachdem er sich Georg genau besehen hatte. „Aber gearbeitet wird von Sonnenaufgang bis Sonnenuntergang. Traust du dir das zu?“

Während er noch sprach, trat ein Mädchen aus dem Haus und kam zu den beiden ans Tor. Georg wagte kaum zu atmen. Einen Herzschlag lang sah er die Augen des Mädchens, die ihn freundlich und arglos anblickten. Da war's für Georg beschlossen. Sogar auf den Sonntag wollte er verzichten, wenn er nur in der Nähe der Müllerstochter sein konnte.

„Es sei, Meister, wie Ihr es fordert!“ sagte er und reichte dem Kienmüller die Rechte. Der schlug ein und hieß das Mädchen, das er Barbara nannte, ein Nachtmahl zu bereiten und das Bett in der Knechtskammer herzurichten.

Viele Wochen vergingen. Der Sommer neigte sich seinem Ende zu, ohne daß Georg über anderes als über das Wetter mit Barbara geredet hätte. Immer war der Alte auf der Hut und hielt die beiden jungen Leute einander fern. Und sosehr sich Georg auch anstrengte, alle aufgetragenen Arbeiten gut und schnell zu erledigen, der Müller fand immer noch etwas, womit er den Burschen bis tief in die Nacht beschäftigen konnte, so daß er wie tot ins Bett fiel und fest bis zum ersten Hahnenschrei schlief.

Eines Tages trug der Müller Georg auf, den Bach oberhalb der Mühle von angeschwemmtem Holz zu befreien, denn das Wasser hatte spürbar an Kraft verloren, weil es sich einen neuen Lauf zu bahnen begann und nicht mehr den Mühlengraben hinreichend füllte. Froh, der Schinderei in der Mühle für einige Zeit entgehen zu können, machte sich Georg auf den Weg. Er fand gut siebenhundert Schritte bachaufwärts heraus, daß Steine, Büsche und Bäume vom Hang herabgestürzt waren und sich im Bach verkeilt hatten. Deswegen hatte sich das Wasser gestaut und floß über die Wiese davon. Entschlossen machte sich Georg ans Werk und begann, den Verhau auseinanderzureißen.

Als die Sonne am höchsten stand, kam Barbara und brachte dem Burschen in einem Korb Brot und Käse sowie einen Krug Bier. Er solle arbeiten, bis das Wasser wieder richtig flösse, richtete Barbara vom Vater aus.

Georg sah dem Mädchen in die Augen. Barbara senkte den Blick und sagte leise: „Ich muß gleich zurück, sonst schilt mich der Vater."

„Bleib wenigstens, bis ich gegessen und getrunken habe, Barbara", bat Georg. „Es ist sehr einsam hier oben, doch beim Essen soll der Mensch nicht allein sein."

Das Mädchen nickte zaghaft und setzte sich neben den Burschen auf einen Baumstamm. Während Georg mit Genuß aß, als wäre ihm der beste Braten gereicht worden, erzählte er von seinen Wanderungen und auch davon, daß er schon in vielen Mühlen manches schöne Mädchen gesehen habe. Barbara aber, sagte er, sei doch die Schönste von allen.

Das Mädchen schüttelte verlegen lächelnd mit dem Kopf.

„Ist denn noch kein Freier da, der um Euch wirbt?" fragte Georg neugierig.

Barbara errötete. „Der Vater will's nicht leiden, daß ich einen Burschen freie", sagte sie leise. „Zwei hielten schon um meine Hand an, ehrbarer Leute Söhne, gut und tüchtig dazu. Aber der Vater schickte sie weg. Für mich sei seit langem ein anderer auserwählt, sagt er."

„Kennt Ihr denn diesen anderen?" erkundigte sich Georg.

„Nein, immer wenn ich den Vater frage, antwortet er, ich solle die Zeit abwarten, ich würde schon alles früh genug erfahren."

Georg schüttelte verwundert den Kopf. Dann wollte er wissen: „So seid Ihr bisher ohne Bindung?" Dabei wuchs die Hoffnung in seinem Herzen, daß er dieses Mädchen gewinnen könnte.

Barbara nickte und antwortete: „Ich weiß, was du sagen willst. Ja, mein Herz ist noch frei." Damit stand sie schnell auf, nahm den Korb an sich und eilte davon.

Georg sah ihr nachdenklich hinterher, bis sie bei der Talbiegung seinen Blicken entschwand. Dann arbeitete er fleißig weiter. Als es dunkel zu werden begann, war alles fertig. Der Bach strömte wieder mit voller Kraft in seinem alten Bett der Mühle entgegen.

Plötzlich zogen finstere Wolken am Himmel auf. Blitze zuckten grell durch die Dunkelheit. Schwerer Donner grollte hinter den Bergen. Georg beeilte sich, um noch vor dem herannahenden Unwetter in die Mühle zu kommen.

Der Müller empfing ihn mürrisch und hatte kaum ein Wort des Lobes übrig. Vielmehr trug er Georg auf, noch in der Nacht das Korn zu mahlen, das die Bauern tagsüber gebracht hatten. Georg war von der schweren Arbeit des Tages erschöpft und müde. Er wollte schon den Auftrag des Müllers zurückweisen. Dann sah er aber die Augen Barbaras freundlich auf sich gerichtet, darum beschloß er, zu schweigen und zu gehorchen

Es dauerte nicht mehr lang, bis der Kienmüller und seine Tochter schlafen gingen. Stunde um Stunde ließ Georg Korn in den Trichter rinnen. Immer höher stapelten sich die Säcke mit Mehl. Endlich schüttete Georg das letzte Getreide in den Trichter. Als auch das gemahlen war, stellte er die Mühle ab. Nun brauchte er nur noch aufzuräumen, dann konnte er schlafen gehen.

Draußen tobte noch immer das Gewitter und schien kein Ende zu nehmen. Doch plötzlich wurde es totenstill um die Mühle.

Georg vernahm Hufschläge, die rasch näherkamen. Als er neugierig aus dem Fenster blickte, sah er einen Reiter vom Wald her über die Wiese herangaloppieren. Ein schwarzes Roß trug ihn und ein weiter schwarzer Mantel umflatterte ihn wie die Schwingen einer Fledermaus.

Georg grauste es, denn Roß und Reiter wurden immer größer, je näher sie der Mühle kamen. Obwohl dem Burschen das Herz bis zum Halse hinauf klopfte, beschloß er, auf seinem Platz auszuharren, um zu sehen, was weiter geschehen würde.

Nun hatten Roß und Reiter die Mühle erreicht. Die unheimliche Gestalt erhob sich in den Steigbügeln und pochte an das Fenster der Schlafkammer des Müllers.

„Hoho, Kienmüller!“ schrie der Ankömmling mit gräßlicher Stimme. „Denk daran, daß die Zeit abläuft. Von heute ab sind es noch drei Nächte, dann komme ich und löse dein Pfand ein!“

Damit gab er dem Pferd die Sporen. Das Tier bäumte sich auf, tat einen gewaltigen Satz, hob sich in die Lüfte und verschwand in den Gewitterwolken über der Mühle. Kaum war der Spuk verschwunden, als das Unwetter erneut losbrach.

„Wach' ich oder träum' ich?“ fragte sich Georg. Und er grübelte noch lange darüber, ob die Worte Barbaras etwas mit dem geheimnisvollen Reiter zu tun haben könnten.

Am anderen Morgen lachte die Sonne über dem Tal, weiße Wolken segelten eilig über den blauen Himmel, die Vögel zwitscherten und der Bach rauschte, als sei in der Nacht zuvor nichts Ungewöhnliches geschehen.

Der Kienmüller ging mit bleichem Gesicht durch die Mühle. Es war, als triebe ihn die heimliche Angst von einem Winkel in den anderen.

Georg traf Barbara auf dem Hof. Als er sie fragte, ob sie in der Nacht etwas Ungewöhnliches bemerkt habe, erwiderte sie: „Du hast ja selbst das grausliche Unwetter erlebt. Oder warst du so müde, daß du es ganz und gar verschlafen hast?"

Da nahm sich Georg ein Herz und faßte das Mädchen an der Hand. „Heute noch werde ich deinen Vater bitten, daß er dich mir zur Frau gibt, wenn du es nur willst!"

Barbara senkte den Kopf. „Versuche es immerhin", antwortete sie leise. „Ich will dich wohl haben, aber der Vater wird es abschlagen und dich davonjagen!"

„Das will ich erst sehen!" sprach Georg entschieden. Als er dem Müller begegnete, brachte er bescheiden, aber mit Festigkeit sein Anliegen vor.

Der Müller sah den Burschen nachdenklich an. „Meine Tochter ist einem anderen versprochen", sagte er zögernd. Und mit einem Mal klang seine Stimme nicht mehr so hart und rauh wie sonst. „Ich habe das Versprechen vor langer Zeit gegeben. Ich muß es halten!"

„Wem wollt Ihr das Mädchen denn geben, Meister?" forschte Georg.

Der Müller ließ sich schwerfällig auf einem Kornsack nieder. „Dem Wilden Jäger habe ich mein Wort verpfändet", antwortete er seufzend.

„Ich würde sonstetwas darum geben, wenn ich zurücknehmen könnte, was ich einst aus Furcht um mein Leben versprochen habe."

„So ist die Zeit heran, daß Ihr Euer Versprechen einlösen müßt?" fragte Georg.

Der Müller nickte. „Binnen drei Nächten kommt der Wilde Jäger, um mein Kind zur Hochzeit zu holen", antwortete er dumpf.

„Herr Meister", sagte Georg, „was geschehen ist vor langer Zeit, will ich nicht wissen. Eure Tochter und ich, wir haben uns lieb. Gebt mir Barbara zur Frau, so will ich den Spuk schon vertreiben!"

Der Müller hob die Augen. Hoffnungslos murmelte er: „Der Wilde Jäger ist mächtiger als jeder Mensch. Dennoch, es sei! Gelingt es dir, mich aus meinem Wort zu befreien, soll Barbara deine Frau werden!"

Den ganzen Tag grübelte Georg und dachte darüber nach, wie dem Wilden Jäger beizukommen wäre. Was konnte er gegen dessen Allgewalt ausrichten? Verzweifelt setzte sich der Bursche auf einen Sack und stützte den Kopf auf die Hände. Da war ihm, als riefe draußen am Mühlrad jemand um Hilfe.

Georg schob seine traurigen Gedanken beiseite und eilte hinaus. Das Wasser trieb das mächtige Rad und schäumte und sprudelte. Und wieder war es, als käme ein Hilferuf genau vom Mühlrad her. Georg zog am Wasserschützen. Das Rad stand still. Nun ertönte, gut vernehmbar, ein drittes Mal der Hilferuf.

Georg stieg auf's Mühlrad. Da sah er, daß sich eine kleine Forelle zwischen den Brettern verfangen hatte und weder vorwärts- noch zurückkonnte. Mit einem geschickten Griff befreite der Bursche den Fisch und sprach freundlich zu ihm: „Gib acht, damit du nicht wieder zu weit ans Rad kommst. Nicht immer kann ich in der Nähe sein.

So, nun schwimm fort!“ Damit setzte er die Forelle in den Bach. Kaum befand sich der Fisch im klaren Wasser, als er sich streckte und wuchs, bis er doppelt so groß war wie zuvor. Zugleich aber färbten sich die Schuppen der Forelle golden. Georg sah verwundert, daß der Fisch ein winziges goldenes Krönlein auf dem Kopf trug.

„Hab Dank, Müllerbursche“, sagte der Fisch mit zierlicher Stimme. „Du hast deinen Kummer hintangestellt, als es darum ging, mir das Leben zu retten. Deshalb will ich dir auch aus deiner Not helfen. Wenn du mich brauchst, so gehe nur getrost bachaufwärts zu den drei großen Tannen. Dort rufe dreimal nach der Forellenkönigin. Aber du darfst niemand etwas davon sagen, sonst kann ich dir nicht helfen!“ Damit tauchte der Fisch unter, und es war, als habe ein Sonnenstrahl einen funkelnden Blitz in den Bach gezaubert.

Georg ging nachdenklich zurück. Er erzählte Barbara, was ihm der Müller gesagt hatte. Von dem goldenen Fisch verlor er kein Wort.

Das Mädchen bat ihn herzlich, alles zu tun, um den Vater von dem bösen Spuk zu befreien. „Ich will wohl deine Frau werden, Georg. Lieber springe ich in den Mühlgraben, ehe ich mit dem Wilden Jäger gehe. Und dich vergessen will ich schon gar nicht!“

Da gewann der Bursche frischen Mut. Als es Feierabend war, ging er den Bach aufwärts zu den drei alten Tannen und rief dreimal nach der Forellenkönigin.

Bald erblickte er einen großen Schwarm Fische, in dessen Mitte sich die Forellenkönigin aufhielt.

„Sprich, was bedrückt dich?“ fragte sie.

Georg erzählte alles, sowohl vom Wilden Jäger als auch, daß er Barbara zur Frau wünschte und daß das Mädchen damit einverstanden war.

„Mit dem Zauber kann ich dir nicht helfen“, antwortete ihm die Forellenkönigin, „wohl aber mit drei Ratschlägen. Höre: Ab heute wird der Wilde Jäger jede Nacht kommen. In der dritten Nacht wird er Barbara holen, wenn du es bis dahin nicht schaffst, ihm seine Kräfte zu nehmen. Das aber mußt du ganz allein tun!“

„Wie soll ich das anfangen?“ rief Georg verzweifelt.

„Zum ersten mußt du dem Roß des Wilden Jägers ein Hufeisen abnehmen und dieses sofort zur Mühle bringen. Zeige es mir, wenn du es hast. Zum zweiten mußt du vom Mantel des Wilden Jägers die Knöpfe abtrennen und sie mir bringen. Zum dritten mußt du ihm das Pfand ablisten, das er vom Müller hat. Nur dann wird sich der Spuk lösen.“

Damit tauchte die Forellenkönigin unter. Georg war wieder allein und ging zur Mühle zurück. Er holte sich eine Hufzange aus dem Werkzeugkasten des Müllers, die er vorsorglich bereitlegte. Als die Tagesarbeit getan war, sagte Georg zu Barbaras Vater, er wolle ein wenig durch den Wald und den Berg hinaufgehen.

Barbara schaute dem Burschen besorgt nach, aber der Müller hieß sie, sich zu Bett zu legen. Bald erlosch das Licht in der Kienmühle.

Georg stieg höher und immer höher den Berg hinauf. Schon lag das Tal mit der Mühle tief unten zu seinen Füßen. Da erreichte er endlich den Gipfel, der mit gewaltigen Steinen bedeckt war.

Zwischen den Felsbrocken ragten Mauern von zwei verfallenen Kirchen in den Nachthimmel. Durch die leeren Spitzbogenfenster leuchtete der aufgehende Mond. Silbrige Nebelschleier begannen um die toten Gemäuer zu ziehen. Nun wußte Georg, daß er sich auf dem Burgstein befand, einem Ort, den die Menschen mieden, weil es hier seit alters spuken sollte.

Georg wurde unheimlich zumute. Schon faßte er den Entschluß, wieder umzukehren, als er in der Nähe lautes Schnauben vernahm. Behutsam schlich er in Richtung des Geräusches. Zwischen den Felsbrocken graste das riesige schwarze Roß, das Georg bereits in der Gewitternacht gesehen hatte. Es hob den Kopf und sah den Burschen mit funkensprühenden Augen aufmerksam an.

Georg holte die Zange aus dem Gürtel und trat vorsichtig näher. Das Pferd kam ein paar Schritte auf ihn zu. Georg sah, daß es auf dem rechten Hinterlauf lahmte. Leise und beruhigend sprach er auf das Tier ein. Nun konnte er es sogar am Hals streicheln. Das Pferd blieb auch ganz ruhig stehen, als Georg den Hinterlauf untersuchte. Das Hufeisen hatte sich gelockert. Nachdem er mit der Zange die Nägel gezogen hatte, fiel das Eisen zu Boden. Seltsamerweise wuchs aber gleich wieder ein neues nach. Das Roß wieherte hell und sprang mit einem gewaltigen Satz in die Luft, wo es zwischen den tiefziehenden Wolken verschwand.

Georg hob das Hufeisen auf. Zu seinem größten Erstaunen, kaum daß er es berührt hatte, verwandelte es sich in blankes Gold. Auf dem Heimweg hatte Georg schwer daran zu tragen. Als er an den Bach kam, wollte er das Wunderhufeisen hineinwerfen, um damit der Forellenkönigin zu danken. Da erblickte er den Kopf des Fisches und hörte das zierliche Stimmchen: „Behalte es für dich! Schlag's an das Mühlentor und achte darauf, daß es keiner abnimmt. Dann wird der Wilde Jäger keinen Einlaß finden!"

Als dieser um Mitternacht wiedererschien und durch das Tor in die Mühle eindringen wollte, war es, als stieße ihn eine unsichtbare Faust zurück. „Hoho!" schrie er zornig. „Einmal ist es dir gelungen, Kienmüller, mich zu überlisten. Aber spätestens in der übernächsten

Nacht hole ich mir deine Tochter!" Damit gab er dem Pferd die Sporen und verschwand in den Wolken.

Am nächsten Tag schien die Sonne, als sei nichts geschehen. Barbara hatte fest geschlafen und nichts von den nächtlichen Ereignissen gemerkt. Der Müller war spürbar freundlicher als sonst. Ohne über die Ereignisse der letzten Nacht zu reden, erlaubte er seinem Burschen, am Abend wieder aus der Mühle zu gehen. Georg schärfte dem Müller und seiner Tochter ein, das Hufeisen ja am Tor zu lassen, und sie versprachen, nicht daran zu rühren.

Vom Berge sah Georg die Kienmühle unten und sah auch, wie die Lichter hinter den Fenstern der Mühle erloschen. Unverzagt machte sich der Bursche auf den Weg zum Burgstein, wo er in der letzten Nacht das Roß gefunden hatte. Auch heute war es wieder da und graste friedlich. Tapfer ging Georg auf das Pferd zu und streichelte ihm den Hals. „Wenn du mir nur sagen könntest, wo dein Reiter seinen Mantel aufbewahrt!" flüsterte er dabei.

Das Roß hob den Kopf. „Du hast mich letzte Nacht von meinem Schmerz befreit", sagte es, „so will ich dir auch helfen. Geh hinüber zu der großen Eiche. In ihrem Wipfel hat mein Reiter seinen Mantel ausgebreitet, um sich darunter auszuschlafen. Spute dich, denn wenn das Käuzchen zum dritten Mal ruft, wacht er auf. Dann ist es um dich geschehen!"

Georg tätschelte dem Tier dankbar den Hals. Er fand die uralte Eiche, unter der der Wilde Jäger im weichen Gras lag und wie tot schlief.

Behutsam stieg Georg über die Beine des Ruhenden und schwang sich flink wie ein Eichhörnchen in den Wipfel des Baumes. Da hing der Mantel wirklich über den Ästen und schaukelte im Nachtwind.

Immer höher kletterte der Bursche in den schwankenden Zweigen, bis er das schwere Tuch ergreifen konnte. Behutsam zog er den Mantel zu sich heran und begann, die sieben großen Knöpfe abzuschneiden.

Da schrie aus den Kirchenruinen das Käuzchen zum ersten Mal. Der Jäger unten schnaufte und knurrte, erwachte aber nicht. Mit klopfendem Herzen stieg Georg hastig hinunter. Kaum hatte er den Erdboden erreicht, als das Käuzchen zum zweiten Mal schrie. Der Wilde Jäger warf sich unruhig hin und her und begann sich zu strecken und zu recken.

So schnell ihn seine Beine trugen, rannte Georg zum Waldrand und dem Talhang entgegen. Endlich erreichte er die ersten Bäume und blieb aufatmend stehen. Da schrie das Käuzchen zum dritten Mal!

Der Wilde Jäger sprang auf die Beine und streckte sich in die Höhe, damit er bequem in den Wipfel langen konnte. Er nahm den Mantel, warf ihn sich über die Schultern und wollte ihn schließen, als er bemerkte, daß die Knöpfe fehlten. Da stieß er einen schrillen Pfiff aus. Gehorsam flog sein Roß heran.

Georg hatte den schneidenden Pfiff gehört und hetzte den Hang hinab zur Mühle. Hinter sich vernahm er die grimmigen Wutschreie des Wilden Jägers. Schon dröhnte der Hufschlag dicht hinter ihm, schon spürte er den feurigen Atem des Pferdes in seinem Nacken, als er mit letzter Kraft durch das Mühlentor schlüpfen und es hinter sich zuwerfen konnte.

Das Hufeisen bewies erneut seine Wunderkraft, denn es hielt Roß und Reiter zurück. Zornig schrie der Wilde Jäger: „Ein zweites Mal hast du mich überlistet, Kienmüller! Aber in der nächsten Nacht hole ich doch deine Tochter, denn dein Pfand bekommst du nie und nimmer!“

Ein schreckliches Unwetter brach über das Tal herein, als der Wilde Jäger über die Kienmühle in die Luft stob und mit Johlen und Schreien davonbrauste.

Am Morgen war alles wie an den Tagen zuvor. Barbara war unbefangen und der Müller noch freundlicher. Sobald Georg konnte, ging er zu den drei Tannen und rief die Forellenkönigin, um ihr die sieben Knöpfe zu bringen. Nicht lange, und sie tauchte auf. Nachdem Georg alles berichtet hatte, sagte sie mit zierlicher Stimme:

„Wirf die Knöpfe in den Bach. Sie sind meine besten Knappen. Der Wilde Jäger hat sie einst verzaubert und dadurch Macht über das Wasser erhalten. Und höre: Wenn der Jäger in der kommenden Nacht erscheint, dann will er das Pfand des Müllers gegen Barbara eintauschen. Bleibe du immer getrost hinter dem Tor und fordere, daß er dir zuerst das Pfand über das Tor werfe. Sage ihm, du wolltest für diesen Dienst die Knöpfe zurückgeben. Wirf aber stattdessen sieben blanke Kieselsteine über das Tor zurück!“

Georg bedankte sich bei der Forellenkönigin und ließ alsbald die Knöpfe in den Bach fallen. Vor seinen Augen verwandelten sie sich zu sieben prächtigen Krebsen, die sogleich eine gute und wehrhafte Schutzwache um ihre Königin bildeten.

In der folgenden Nacht sagte Georg dem Müller, er wolle alles so richten, daß der Meister und Barbara zufrieden wären, sie sollten getrost zur Ruhe gehen.

Kaum war es Mitternacht, als sich wiederum ein schauriges Unwetter erhob. Der Sturm rüttelte an den Windflügeln der alten Mühle und jaulte grauslich im Kamin. Regen peitschte Bäume und Bach.

Die Blitze zuckten noch greller als in den Nächten zuvor. Georg wartete hinter dem Tor der Mühle und trug sieben große blanke Kiesel bei sich.

Nicht lange, und es wurde totenstill vor der Mühle. Ein fahles, grünes Licht erhellte die Wiese. Als Georg durch einen Ritz im Tor spähte, erblickte er den Wilden Jäger, diesmal angetan mit einem prächtigen silberbestickten schwarzen Mantel. Auch das Roß trug silbernes Zaumzeug.

„Hoho!“ schrie der Wilde Jäger vor dem Tor. „Öffne, Kienmüller, führe deine Tochter heraus, und nimm dein Pfand zurück!“

„Ich will die Tochter schon zu dir führen und dir obendrein deine Knöpfe wiedergeben, die mir ohnehin zu nichts nütze sind!“ rief Georg keck zurück. „Wirf du aber erst das Pfand über das Tor, so will ich dir die Knöpfe zurückwerfen und dir dann öffnen!“

„Ich zähle bis drei“, gab der Reiter zur Antwort. Er frohlockte, denn er hatte bereits geglaubt, die Knöpfe für immer verloren zu haben. „Aber betrügen lasse ich mich nicht! Wirf du also, wenn ich zwei sage, die Knöpfe, ich werfe bei drei das Pfand!“

„So sei es!“ rief Georg.

„Eins - zwei - “, zählte der Wilde Jäger.

Georg warf die sieben Kiesel mit Schwung über das Tor, daß sie weit draußen auf der Wiese zu Boden fielen. Als der Wilde Jäger sie fallen hörte, rief er: „Drei!“ - und warf die Kappe des Müllers über das Tor.

Georg fing sie geschickt auf.

„Nun öffne, Kienmüller!“ schrie der Wilde Jäger herrisch.

„Suche du zuerst deine Knöpfe. Inzwischen will ich den Müller wecken“, rief Georg fröhlich. „Ich bin nämlich nur der Mühlenknappe und nicht der, den du suchst. Darum auch kann ich dir die Jungfrau Barbara nicht geben!"

Vor der Mühle erhob sich gräßlicher Lärm. Der Jäger sprang vom Pferd, suchte nach den Knöpfen, fand aber nur Steine. Als er sich groß machte, um über das Tor zu schauen, sah er, daß Georg wahr gesprochen hatte und er also angeführt war.

„Hüte dich, mir jemals über den Weg zu kommen!" brüllte er wütend und versuchte, das Tor mit Gewalt zu öffnen. Aber wie sehr er sich auch mühte, das Hufeisen hinderte ihn an seinem Vorhaben.

Plötzlich verlosch das grell-grüne Licht. Unter Blitz und Donner und Regensturz setzte der Wilde Jäger in die Nacht. Bald verschwanden die drohenden Wolken und die Sterne blinkten am Himmel auf. Der Mond leuchtete friedlich ins Tal.

Georg verbarg die Kappe des Müllers unter seinem Wams. Als der erste Sonnenstrahl über den Berg kam, ging Georg zum Bach und rief die Forellenkönigin.

„Der Spuk ist gebannt", sagte die Forellenkönigin. „Nimm die Kappe aber an dich und achte darauf, daß sie der Müller nie mehr aufsetzen kann. Lebe wohl, Georg!" Damit tauchte die Forellenkönigin unter, und die sieben Krebse schritten wacker auf dem Bachgrund hinterdrein.

In der Mühle empfing der Müller seinen Gesellen.

„Der Spuk ist aus", sagte Georg. „Nun haltet Euer Wort, Meister! Gebt mir Barbara zur Frau!"

Das Mädchen eilte herbei und schmiegte sich zärtlich an den Burschen.

„Ich will mein Wort wohl halten", sagte der Kienmüller. „Gib du mir aber zuerst meine Kappe zurück!"

„Ich werde sie ins Feuer werfen", antwortete Georg.

Der Müller aber, der sich im Herzen nicht gewandelt hatte und sich jetzt außer Gefahr glaubte, schrie herrisch: „Her mit der Kappe! Sie gehört mir! Und dann mach dich fort aus der Mühle, du Habenichts. Meine Tochter werde ich nur einem geben, der Geld und Gut besitzt!" Mit diesen Worten entriß er Georg die Kappe und stülpte sie sich auf den Kopf.

Kaum war das geschehen, als ein Blitz aus heiterem Himmel herabfuhr. Wo eben noch der Müller gestanden hatte, erhob sich eine dicke schwarze Rauchwolke. Barbara drängte sich verängstigt an ihren Georg.

Als es wieder hell wurde, war vom Müller nichts mehr zu sehen, aber an seiner Stelle ragte ein mächtiger Mühlstein, bis zur Hälfte eingerammt, aus dem Boden. Niemand vermochte, ihn zu heben. Und so blieb er, bis er im Laufe vieler Jahre verwitterte.

Barbara und Georg aber wurden die neuen Müllersleute in der Kienmühle. Sie lebten lange und in Frieden, und sie hatten sieben Kinder, die alle gute, ehrliche Müller wurden.

Seit vielen Jahren steht die Kienmühle nun wieder leer. Oft kommt der Wilde Jäger an grauen Wintertagen und sucht Einlaß, aber noch immer hängt das Hufeisen am Tor und hält den Spuk zurück. Die Forellenkönigin hat man nie mehr gesehen. Es kann jedoch sein, daß sie wieder einmal auftaucht, wenn ein guter Mensch Hilfe braucht, um seine Liebe zu retten.

H. Vogel. 95.

# Vom Burgstein

Weit ab von allen Verkehrswegen, in schier endlosen Wäldern verborgen, künden zwei Kirchenruinen von vergangenen Zeiten. Man nennt diesen Platz den Burgstein. Er ist heute nur noch sehr schwer zu erreichen, denn weder Bahn noch Bus und kaum ein Fußpfad führen mehr zu ihm. Die Leute in den umliegenden Dörfern Ruderitz, Krebes und Schwand erzählen, daß am Burgstein noch immer Holzmännlein und Moosweiblein wohnen sollen. Sogar der Wilde Jäger halte in düsteren Herbst- und Winternächten dort mit seinen Sturmbrüdern und Nebelweibern Hof.

Auf einer Bergkuppe ragen die verwitternden Mauern in den Himmel. Wolken ziehen darüber hin. Schnee fällt darauf. Regen wäscht den Staub der Sommer ab. Fichten und Eichen rauschen ringsum. Aber sonst ist es still dort oben zu jeder Zeit im Jahr.

Einst geschah es, daß Bauern aus dem Frankenland heraufstiegen, um auf dem Berg gegenüber dem Burgstein den Wald zu roden, Felder anzulegen und Häuser zu bauen.

Viele Wochen waren sie zuvor durch den unwegsamen Wald geirrt. Immer wieder glaubten sie, den richtigen Platz für eine Siedlung noch nicht gefunden zu haben. Schon verzagten einige und wollten wieder umkehren, aber der Älteste und Erfahrenste redete mit ihnen und sprach ihnen Mut zu.

„Wollt ihr denn wieder in die Leibeigenschaft der Herren zurück? Wollt ihr nicht endlich auf eigenem Grund und Boden ackern und ernten?“

Die Zweifler bedachten das, und sie entschlossen sich, mit den anderen weiterzuziehen.

Eines Abends erreichten sie eine Höhe, von der aus sie weit in das Land schauen konnten. Sie entdeckten eine saftige Wiese, durch die ein munteres Bächlein rieselte. Ringsum aber, so weit man nur blikken konnte, stand schützend der Wald.

„Hier wollen wir bleiben!" beschlossen die Bauern. Schon nach wenigen Wochen hatten sie sich aus den Stämmen der Bäume, die sie im nahen Wald schlugen, schlichte Hütten erbaut. Mühsam war es, das Land urbar zu machen.

Gewaltige Steine ragten aus dem Boden, und an anderen Stellen versanken die Beine bis über die Knie im Sumpf. Der Wald ringsum sperrte sich gegen das Anlegen von Äckern. Er mußte erst durch Brandrodung beseitigt werden.

Nach zwei harten Arbeitsjahren ernteten die Bauern so viel, daß endlich alle satt wurden und sogar Vorräte für den nächsten Winter eingelagert werden konnten. Auch die gemeinsame Viehherde vermehrte sich, so daß es genug Milch für die Kinder gab und Fleisch für alle sowie Leder für Schuhe, Kleider und Riemenzeug.

Nach Süden zu fiel der Berg in ein tiefes Tal ab, in dem ein kräftiges Wasser ging. Fische gab es darin und Krebse. Das Wasser war stark genug, um ein Mühlrad zu treiben.

Der Hang war von vielen Bäumen bestanden. Es gab im Wald reichlich Wild, Beeren und Pilze sowie Kräuter gegen mancherlei Krankheiten. Die Bauern lebten zwar sehr bescheiden, aber die Not, die sie einst gelitten hatten, war von ihnen gewichen.

Einmal bemerkte eine Frau mehrere kleine Gestalten, die uralten Zwergen glichen. Sie standen am Abend, als die Frau vom Melken kam, vor der Stalltür und streckten bittend die Hände aus. Die Bäuerin hatte schon davon gehört, daß es in den Wäldern freundliche und hilfsbereite Waldmännlein und Moosweiblein geben sollte. So reichte sie ohne zu zögern den Zwergen eine Schale Milch. Später berichtete sie den anderen Frauen von ihrem Erlebnis.

Alle Bauern stellten nun allabendlich Näpfe mit Buchweizenbrei und Schalen mit Milch vor die Stalltüren. Am anderen Morgen waren sie säuberlich geleert. Zum Dank trugen die Waldgeister Beeren und Pilze herbei. Sie achteten auch darauf, daß das weidende Vieh nicht in Schluchten geriet oder sich im Wald verirrte.

Eines Tages gelangte die Kunde von dem aufblühenden Dorf weit hinab ins Elstertal. So erfuhr auch ein Ritter davon, der dort in seiner Wasserburg hauste. Er hätte sich die Bauern am liebsten untertan gemacht, gern auch ihren Wald, die Äcker und Weiden seinem eigenen Besitz zugeschlagen. Also scharte er zwei Dutzend wohlbewaffnete Knechte um sich, das Dorf zu suchen.

Nach tagelangem Umherstreifen im Wald entdeckten sie endlich den Ort. Sie wurden freundlich, wie es die Art dieser Leute war, empfangen. Dem boshaften Ritter lachte das Herz im Leibe, als er die wohlbestellten Äcker, eine gesunde Herde und festgefügte Hütten und Scheunen erblickte. Er dachte sich eine List aus. Wortgewaltig erzählte er von Räuberbanden und Mordbrennern, die sich im Lande umhertrieben. Sicher würden sie auch dieses Dorf entdecken und darin Not und Elend verbreiten.

Die Bauern hörten aufmerksam zu. Als der Ritter anbot, einen Vogt und Knechte zum Schutz gegen die Räuber zu senden, willigten sie dankbar ein. Sie wußten noch nicht, daß ihnen der Ritter Zins und Zehnten als Lohn für Schutz und Wache abfordern wollte.

Der Herr nahm sich vor, nächstens zum Grafen nach Plauen zu reiten, um sich das Dorf und alles, was dazugehörte, urkundlich überschreiben zu lassen. Auf dem Heimweg besprach er mit seinen Knechten den gelungenen Streich, und lautes Lachen über die nach ihrer Meinung dummen, arglosen Bauern hallte im Walde wider.

Am Abend des nächsten Tages kamen aber einige Waldmännchen und Holzweibchen zum Ältesten der Bauern. Der empfing sie freundlich und bewirtete sie mit Speis und Trank. Die Waldgeister berichteten von dem üblen Plan des Ritters. Bei den Bauern herrschte Ratlosigkeit. Sie verloren schließlich den Mut, denn was konnten sie schon gegen den Herrn und seine Knechte ausrichten?

„Ihr seid immer gut zu uns gewesen“, sagten die Waldgeister, „daher werden wir euch nach Kräften helfen!“

„Und was müssen wir tun, um der Gefahr zu begegnen?“ fragte der Älteste der Bauern bekümmert. „Wir haben weder Waffen noch Rüstungen, und in der Kriegskunst sind wir völlig unerfahren!“

„Geht morgen noch vor Sonnenaufgang hoch auf jenen Berg“, sagte der Anführer der Waldgeister. Dabei deutete er auf den Berg gegenüber. „Sammelt dort soviel Steine, als ihr nur fortschaffen könnt. Den anderen Teil der Arbeit laßt uns verrichten!“

So geschah es. Noch vor Sonnenaufgang zogen die Bauern mit ihren Frauen und Kindern auf den Berg und trugen den ganzen langen Tag , ohne sich auch nur eine Pause zu gönnen, große Steine und Felsbrocken zusammen. An der Stelle, an der sie aber die Steine niederlegen sollten, erhob sich ein Felsblock, der so gewaltig war, daß ihn die Bewohner des Dorfes, wenn sie sich auch an den Händen faßten, nicht umspannen konnten. Am Abend zogen sie ins Tal hinab und drüben hinauf in ihr Dorf. Die Waldgeister rieten ihnen, das Sammeln noch drei Tage lang fortzusetzen.

Als die Bauern am nächsten Morgen wiederkamen, sahen sie, daß über Nacht ein mächtiges Gemäuer auf dem Felsblock entstanden war. So faßten sie frischen Mut und setzten die Arbeit fleißig fort, wie es die Waldgeister geboten hatten.

Am vierten Morgen stand auf dem Felsen ein gutgefügter Turm, der allen Familien des Dorfes sicheren Unterschlupf bot und auch genügend Platz für Vieh und Vorräte, für Acker, Wiesen und Häuser hatte. Dennoch überlegten einige Bauern, was ihnen dieser Turm wohl nützen würde, wenn der Ritter das Dorf besetzte und es womöglich niederbrannte.

„Das laßt nur unsere Sorge sein!" beschwichtigten die Waldgeister die Bauern.

Nach sieben Wochen schickte der Ritter seinen Vogt, begleitet von einem Dutzend Kriegsknechten und ausgerüstet mit einer Urkunde des Grafen zu Plauen, auf den Weg. Aber der konnte das Dorf nicht finden. Dichter Nebel hing im Wald. Die Reiter verirrten sich und gerieten in fremde Gebiete. Es dauerte drei Tage und drei Nächte, bis sie schließlich unverrichteter Dinge zum Ritter zurückkehrten.

Der machte sich nun selbst auf den Weg. Endlich fand er den Platz wieder, auf dem das Dorf gestanden hatte. Verdutzt rieb er sich die Augen. Weit und breit gab es keine Äcker und Weiden. Wo die Hütten und Scheunen gestanden hatten, lagen wirre Holzhaufen und Steinbrocken auf der Wiese herum.

So mußte auch der Ritter umkehren. Er zweifelte an seinem Verstand, und seine Knechte raunten sich zu, ihr Herr sei einem bösen Spuk auf den Leim gegangen.

Der Ritter und die Knechte mieden fortan die Gegend, in der es nicht geheuer war. Die Bauern aber nannten den Turm, weil er auf hohem Felsgestein gegründet und fest wie eine Burg war, seither den Burgstein. Noch oft in den Jahren danach, wenn sich Raubhorden und landgierige Ritter zeigten, zogen sich die Bauern auf den Burgstein zurück und die Waldgeister verbargen das Dorf vor neugierigen

Blicken: es verschwand. Deshalb nannten es seine späteren Bewohner auch so. Noch heute heißt das kleine Dörfchen im westlichen Vogtland Schwand.

Es ging viele, viele Jahre gut, bis eines Tages der Wilde Jäger mit seinem Gefolge über den Burgstein fuhr. Obgleich der Turm so gut verborgen war, daß Menschen ihn nicht finden konnten, entdeckte ihn der Wilde Jäger doch. Er streifte mit Hussa und Horngetöse durch den Wald. Die freundlichen Waldgeister mußten sich weitab verbergen, denn gegen den Wilden Jäger konnten sie nichts ausrichten. Man hat Waldmännchen und Moosweiblein dort seitdem auch nie wieder gesehen.

Später wurde eine Seite des Turms aufgebrochen und ein Kirchenschiff daran gebaut. So entstand auf dem Berg eine berühmte Wallfahrtskapelle, in der es sogar ein wundertätiges Marienbild gegeben haben soll. Aus nah und fern zogen die Menschen zum Burgstein, wenn sie Trost und Hilfe brauchten.

Vor mehr als fünfhundert Jahren lebte ein Priester auf dem Burgstein, der hatte sich mit einem Ritter namens Nickel verbündet, einem ganz üblen Herrn. Er zwackte und schindete seine Bauern, daß die armen Leute nicht mehr ein noch aus wußten. Obendrein zog Nickel, der sich eine knappe Meile vom Burgstein entfernt eine feste Wasserburg hatte bauen lassen, auch hinüber zu der Handelsstraße, auf der friedliche Kaufleute ihre Waren nach Leipzig fuhren, um sie auf den Märkten oder zu den Messen feilzubieten.

Nickel legte sich mit seinen Knechten in den Hinterhalt, überfiel und beraubte die Kaufleute. Der Priester vom Burgstein gewährte

Vergebung und bekam dafür vom Nickel soviel Brot, Wein und Bier, als er nur essen und trinken konnte und kostbare Stoffe und warme Pelze obendrein.

Eines Tages ließ der Priester eine alte Frau aus Schwand von den Knechten des Ritters Nickel zu sich führen. Sie war wegen ihres freundlichen Wesens und wegen ihrer Heilkünste weit und breit berühmt. Sie kannte alle Kräuter des Waldes und der Wiese, welche Mensch wie Vieh Linderung und Heilung bei allerlei Krankheiten brachten. Der Priester, der sich an fetten Schinken sehr gütlich getan hatte, wurde von argem Bauchkneifen gepeinigt.

„Hilf mir, Alte, damit ich das Leibweh loswerde!" verlangte er herrisch.

Die Frau schüttelte jedoch den Kopf und antwortete: „Lebt Ihr nur so, wie es der Herr Jesus gelehrt hat. In Bescheidenheit und ohne Prassen und Völlerei, dann wird Euch sehr bald wieder wohl sein!" Damit wandte sie sich um und wollte nach Hause gehen, aber der Priester befahl den Knechten, die Frau festzuhalten.

„Du kommst mir hier nicht weg, wenn du mir nicht geholfen hast!"

„Und wenn Ihr mich sieben Jahre aufhaltet, so kann ich Euch doch nicht anders raten. Eßt und trinkt mäßig und hört auf, das Volk im Namen Gottes zu schinden! Haltet auch den Ritter Nickel an, ein ordentliches Leben zu führen, so werdet Ihr schnell gesunden!"

Den Priester erfaßte blinder Zorn. „Sie ist eine Hexe!" schrie er. „Bringt sie in die Burg vom Nickel. Werft sie in den Turm, damit sie beim nächsten Ketzergericht auf den Scheiterhaufen komme!"

Schon hatten die rohen Knechte die Frau gepackt, als die sich aufrichtete und den Priester streng anblickte. „Wenn Ihr ein unschuldiges und braves Leben zum Tode vor der Zeit bringt, so sollt Ihr verflucht sein!" rief sie mit zitternder Stimme. „Binnen sieben mal sieben Tagen wird Eure Tat bestraft werden. Daran denkt bei Eurem weiteren Tun!"

Der Priester lachte höhnisch. „Sage und fluche, was du willst, Alte", spottete er. „Das alles zeigt nur, daß du mit dem Satan im Bunde bist." Und an die Knechte gewandt schnaubte er: „Schafft sie endlich fort!"

So geschah es. Die alte Frau kam in den Burgturm des Junkers. Tage später brachten die Knechte sie zu Gericht, wo sie als Hexe zum Tode auf dem Scheiterhaufen verurteilt wurde.

Inzwischen waren die sieben mal sieben Tage vergangen. Die Hussiten zogen heran. Sie kamen aus dem Böhmischen und stritten für eine neue und gerechte Ordnung, indem sie dem einfachen Volk Befreiung von Adel und Geistlichkeit versprachen. Die Herren haßten sie deshalb gründlich.

Die Hussiten vernahmen von dem Unrecht, das der Priester der alten Frau zugefügt hatte. So zogen sie auf den Burgstein, fingen den Priester und stellten ihn vor ihr Feldgericht. Und weil es viele Klagen aus dem Volk gegen den Priester gab, so verwirkte er vor dem Gericht sein Leben. Dann warfen die Hussiten Feuer in den Burgstein, damit diese Stätte für immer zerstört würde.

Seitdem stehen die gewaltigen Mauern des Burgsteins weitab von allen Wegen, verborgen in den tiefen Wäldern. Wolken ziehen darüber hin, Schnee fällt darauf und Regen wäscht den Staub der Sommer von den verwitternden Mauern. Die Fichten und Eichen rauschen ringsum. Aber sonst herrscht atemlose Ruhe.

H·V·1906·

# Vom Stelzenbaum

Im Westen des Vogtlandes, wo Sachsen und Bayern aneinandergrenzen, erstreckt sich ein langer Höhenzug. Auf einem Gipfel dieses Höhenzuges erhob sich einst weithin sichtbar ein einsamer Baum. Wenn ihn das Alter brach oder Blitzschlag ihn zerstörte, setzten die Bauern des nahegelegenen Dorfes Stelzen einen neuen Baum an seinen Platz. Das ist schon seit über dreihundert Jahren so. Um diesen Baum, den Stelzenbaum, ranken sich viele Sagen und Legenden, die heute noch erzählt werden.

Im Dreißigjährigen Krieg, als die Reiter des Generals Holk das Vogtland heimsuchten, stand weitab von dem Dörfchen Reuth, einem Nachbarort von Stelzen, eine Schäferei.

Der Schäfer war hochbetagt und allen Menschen in der Gegend gut bekannt. Die armen Bauern kamen zu ihm und holten sich Rat und Hilfe gegen ihre Nöte und Beschwernisse. Die Frauen brachten ihre kranken Kinder, denn der Alte kannte viele Kräuter, die Wunden und Leiden heilten oder linderten. Trotz seines hohen Ansehens, das er genoß, blieb er bescheiden. Er ließ sich auch nicht mit Geld und Gut bestechen, denn er hatte sich geschworen, nur den wirklich Notleidenden zu helfen.

Einmal ritt ein Gutsherr zum Schäfer und beklagte seine Leibesfülle. Der Alte wiegte den Kopf und riet dem Herrn schließlich, er möge doch in Zukunft nur das essen und trinken, was seine Bauern auch hätten, nämlich schwarzes Brot, Wasser und am Sonntag einen

Trunk Milch. Zudem sollte er, wie es seine Bauern taten, zur Sense greifen und den Pflug führen. Er würde sich dann bald bei bester Gesundheit befinden.

Wie sehr der Herr auch bat oder forderte, wieviel Geld und freie Weide auf seinen Wiesen er auch bot, der Schäfer blieb fest, und der Herr mußte ohne ein Wundermittel abziehen. Er schwor sich, dem Schäfer bei nächster Gelegenheit seinen Rat heimzuzahlen und sich für die Abfuhr zu rächen.

Die Bauern mahnten den Alten besorgt, es mit dem Herrn nicht zu verderben, doch er antwortete: „Für alles ist ein Kräutlein gewachsen. Nur gegen Hochmut und gegen harte Herzen gibt es nirgendwo auf der Welt eine Medizin, außer der Mensch hilft sich selbst durch Einsicht und bescheidenes Leben."

Eines Tages zog ein Fähnlein Holkscher Jäger auf die Höhe. Es dauerte nicht lange, und sie entdeckten den Schäfer und seine Herde.

Der Anführer, ein verwilderter roher Kriegsmann, hieß einige seiner Landsknechte, den Schäfer vor ihn zu bringen. „Mir hat jemand erzählt", knurrte er und blickte den Alten dabei scharf an, „daß du hier oben einen Schatz vergraben hast. Rücke ihn heraus, und dir wird nichts geschehen!"

Der Alte schüttelte ungläubig den Kopf. Er sollte Geld und Gut besitzen? „Nicht einmal alle Schafe gehören mir, die ich hüte", antwortete er ruhig.

Der Anführer zeigte sich unzufrieden. „Der Gutsherr unten im Tal", sagte er, „ist anderer Meinung. Er hat uns berichtet, daß du ein reicher Mann bist und im Laufe der Jahre viele Goldstücke beiseitegelegt hast!"

Der Schäfer ahnte, wie gefährlich es war, den Krieger zu reizen. „Der Herr hat Euch belogen, um Euch von seinen eigenen Schätzen abzulenken“, entgegnete er vorsichtig. „Er will eine alte Rechnung mit mir begleichen. Aber hört, ich werde Euch ein paar von meinen Schafen geben, damit Ihr Fleisch in Euren Kessel bekommt.“

„Ein Herr lügt nicht!“ schrie der Anführer wütend. „Du lügst, Alter! Wir werden dir die Wahrheit schon herausklopfen! Damit gab er seinen Gesellen einen Wink. Die warfen den Schäfer zu Boden und schlugen und traten ihn gräßlich.

„Sagst du endlich die Wahrheit? Wo hast du den Schatz?“

„Ich spreche die reine Wahrheit, ich bin ein armer Mann! Seid gnädig, liebe Leute!“

Endlich ließen die Reiter von dem Schäfer ab. Der Alte erhob sich mühsam, indem er sich auf seine Schäferstelze stützte.

Wutschnaubend stand der Anführer vor ihm. Der alte Schäfer blickte ihn streng an. „Dieser Stab soll Blätter treiben, wenn ich die Wahrheit gesagt habe!“ flüsterte er mit letzter Kraft. Damit stieß er die Stelze tief in den Boden.

Der Anführer lachte wild und schlug den Schäfer mit seinem Säbel nieder.

Obwohl die Holkschen in der Erde gruben, auch den Schäferkarren um und um wühlten, war von einem Schatz nichts zu finden. So machten sie sich auf, um ihren Streifzug ins Bayerische fortzusetzen.

Bald darauf fanden die Bauern den erschlagenen Schäfer. Sie begruben ihn und schworen den Feinden Vergeltung.

Als die Holkschen ein paar Tage später zurückkehrten, fielen sie in einen Hinterhalt, den die Bauern gelegt hatten, und wurden samt und sonders niedergemacht.

Der Schäferstab aber begann an diesem Tage Zweige zu treiben und Blätter anzusetzen. Ein mächtiger Baum wuchs im Laufe der Jahre heran. Man nannte ihn den Stelzenbaum. Noch heute grüßt einer seiner Nachfahren von der Grenzhöhe, nahe dem Bayerischen, weit ins Vogtland hinein.

Etliche Menschenalter nach dem Dreißigjährigen Kriege lebte in dem Dorf Stelzen ein Schäfer mit Namen Christoph. Der war arm und diente dem Rittergutsherrn.

Er träumte davon, einmal seine Kinder satt zu wissen und seiner Frau ein neues Kleid kaufen zu können. Wenn er aber den Bauern von seinen Träumen erzählte, nickten sie nur müde, denn solche Wünsche hatte wohl jeder von ihnen. Es dauerte nicht lange, so hieß der Schäfer nur noch „Traum-Christoph".

Da Christoph gut zu allen war, in der Heilkunde wohlerfahren gewesen ist und auch mit gescheiten Ratschlägen und mancherlei Arzneien nicht geizte, war er sehr beliebt. Im Laufe der Jahre wurde Christoph trotz seiner Armut ein geachteter Mann bei den einfachen Bergbauern. Der Rittergutsherr hatte allerdings keine rechte Freude an Christoph, denn stets ergriff er Partei für die armen Bauern.

Eines Mittags lag Christoph wieder einmal im Schatten des Stelzenbaumes und träumte. Die Lerchen trällerten und die Grillen zirpten. Ein sachter Wind ließ die Krone des Stelzenbaumes leise rauschen. Christoph schlummerte ein.

Im Traum sah er einen greisen Schäfer mit langem weißen Bart, der auf seine Schäferstelze gestützt vor ihm stand. Und es gab keinen Zweifel für Christoph, das mußte der gewesen sein, der einst den Stelzenbaum gesetzt hatte.

„Auf der Regensburger Brück' findest du vielleicht dein Glück!" raunte der Alte. Er flüsterte den Spruch dreimal und verschwand.

Als Christoph erwachte, rieb er sich die Augen und dachte über diesen merkwürdigen Traum nach. Weshalb war der Schäfer ausgerechnet ihm erschienen?

Christoph grübelte viel über diesen Traum nach und faßte schließlich einen Entschluß. Er kündigte seinen Dienst beim Herrn auf, verabschiedete sich von Frau und Kindern und machte sich auf den langen Weg nach Regensburg an der Donau.

Nach vielen, vielen Tagen erreichte er die ehrwürdige Stadt, deren Türme ihn schon von weitem grüßten.

Ein mitleidiger Schuhmacher, der sein Häuschen dicht bei der Donaubrücke hatte, nahm den erschöpften Wanderer auf und beherbergte ihn. Aber noch am Abend seiner Ankunft ging Christoph auf der Brücke hin und her. Er blickte zu den Türmen der alten Kirche und sah in die mächtige Donau. Doch vergeblich suchte Christoph nach dem Glück. Drei Tage lang wanderte er unermüdlich auf der Brücke hin und her, schaute in alle Ritzen, stieg unter die Bögen, schaute den Heiligenfiguren in die steinernen Gesichter, aber nirgendwo sagte es: „Hier hast du dein Glück, Christoph. Nimm es mit!"

Am Abend des dritten Tages betrat er entmutigt die Werkstatt des Schuhmachers. Die ganze lange Reise war umsonst gewesen. Hätte er nur nichts auf seinen Traum gegeben! Kopfschüttelnd über seine vermeintliche Dummheit erzählte er, weshalb er sich auf den Weg gemacht und was er wegen seines albernen Traumes daheim aufgegeben hatte.

Nachdem der Schuhmacher Christophs Geschichte vernommen hatte, schüttelte er verwundert den Kopf und betrachtete seinen Gast nachdenklich. „Lieber Freund“, sagte er dann, „wie kann man nur Träumen nachgehen ? Vor einigen Wochen hatte ich einen ähnlichen Traum. Mir träumte, ein alter Mann mit weißem Bart stünde vor mir und sagte: Geh zum Stelzenbaum im Vogtland, dort findest du dein Glück! - Das sagte er dreimal und verschwand. Mein Glück war, daß ich diesen nächtlichen Rat nicht befolgt habe. Ich weiß ohnehin nicht, wo dieser Baum zu finden ist oder wo das Vogtland liegt. Womöglich ginge es mir jetzt so wie dir!“

Am nächsten Morgen machte sich Christoph auf den Heimweg. Dabei ging ihm die Erzählung des Schuhmachers nicht aus dem Sinn. Seine Schritte wurden fester und schneller. Er freute sich über jede Meile, die er hinter sich brachte. Als er endlich in der Ferne den Stelzenbaum erblickte, rannte Christoph fast.

Er ließ sich kaum Zeit, Frau, Kinder und Nachbarn zu begrüßen und lange von seiner Reise zu erzählen. Mit Hacke und Schaufel begab er sich zum Stelzenbaum hinauf. Genau an der Stelle, wo ihm vor Wochen der Schäfer erschienen war, begann er ein Loch zu graben. Es dauerte nicht lange, und Christoph stieß auf eine Kiste, die er nach langen Mühen ans Tageslicht brachte. Das ungefüge Schloß ließ sich nur schwer öffnen. Endlich konnte Christoph den Deckel zurückschlagen.

Goldtaler und Silbermünzen blinkten ihm entgegen. Christoph schloß verwirrt die Augen. So hatte ihn sein Traum doch nicht genarrt. Er hob den Kopf und versuchte, in den Zweigen die Gestalt des alten Schäfers zu entdecken, aber der Stelzenbaum rauschte nur im sanft einsetzenden Nachtwind.

Im Dorf war die Freude groß. Christoph ließ von dem Geld ein Schulhaus bauen und lehrte die Kinder das Rechnen, Lesen und

Schreiben. Er blieb weiter bescheiden und hilfsbereit, und weit und breit rühmte man ihn seiner Weisheit wegen.

Davon hörte auch der Rittergutsherr. Er kam hinauf und begehrte seinen Anteil am Schatz. Da der Stelzenbaum und aller Boden um ihn herum aber Eigentum der Gemeinde waren, konnte der Herr nichts ausrichten. Dennoch zeigte sich Christoph großmütig. Für die Monate, die er dem Herrn den Dienst versagt hatte, gab er eine Handvoll Taler hin.

Der Rittergutsbesitzer steckte sie ohne Dank ein. Sein Weg jedoch warnicht ganz ohne Ergebnis geblieben: Als er zu Hause in die Tasche langte, hatte er jedoch statt der silbernen Taler nur einfache Kupferpfennige in der Hand.

Christoph lebte noch lange in Stelzen. Als er hochbetagt starb, wurde er, wie er es sich gewünscht hatte, neben dem Stelzenbaum beigesetzt.

H. Vogel

# Vom Mühlgötz zu Plauen

In der Oberen Mühle zu Plauen, die seit langer Zeit nicht mehr besteht, befand sich seit alters in einer Ecke der Mahlstube eine übermannshohe hölzerne Statue. Sie war aus dem Stamm einer Eiche gehauen und stellte einen groben, ungeschlachten Mann dar, der dem Betrachter grinsend die Zunge herausstreckte.

Keiner vermochte zu sagen, wie lange der Mühlgötz, so hieß die Figur, schon in der Ecke gestanden hatte, sicher aber schon so lange, wie auch die Mühle ging. Die Bewohner der Mühle glaubten zu wissen, daß die Figur noch aus der Zeit stammte, als die Sorben an der Weißen Elster siedelten. Zudem besäße der Mühlgötz die geheimnisvolle Macht, immer kräftiges Wasser auf das Rad zu leiten und böse Geister, auch Mehlwürmer und anderes Ungeziefer, von der Mühle fernzuhalten. Solange die Figur unbehelligt in ihrem Winkel stünde, würde außerdem nie ein Blitz in die Mühle fahren. Jedenfalls gab es in der Mühle keine Not und kein Unglück.

Eine dicke Mehl- und Staubschicht hatte sich im Laufe ungezählter Jahre auf dem Mühlgötz niedergelassen, aber keiner wagte, die geheimnisvolle Figur anzurühren - aus Furcht, der gute Zauber könnte sich dann verlieren.

Eines Tages kam ein lustiger Mühlknappe nach Plauen. Er war immer den Bächen und Flüssen nachgegangen und von Mühle zu Mühle gezogen, aber stets nur solange geblieben, bis er sich richtig sattgegessen und sattgetrunken hatte. Von der Arbeit hielt er nicht allzuviel, weil sie nur müde machte. Er konnte aber von seinen weiten Wanderungen so spannend und spaßig berichten, daß die Abende in den Mühlen, in denen er zu Gast war, nie langweilig wurden. Also verzieh man ihm seinen leichten Sinn und sein recht sorgloses Leben.

Auch in der Oberen Mühle zu Plauen ging es dem Burschen wie in allen anderen Mühlen zuvor. Er schwatzte bis tief in die Nacht mit den Müllersleuten und mit dem Gesinde, und alle waren sich einig, noch nie solch kurzweiligen Abend verbracht zu haben.

Anderentags wies ihm der Müller eine Arbeit an. Es dauerte nicht lange, so hatte der Knappe auch schon den Mühlgötz in seiner Ecke entdeckt. „Was ist dies wohl für ein possierliches Ding, zum Lachen und zum Fürchten zugleich?“ fragte er erstaunt.

„Es ist der Schutzgeist der Mühle. Keiner weiß, wie alt er ist!“ raunte der Altgeselle.

Der Bursche lachte geringschätzig. „An solcherlei Zeug glaubt ihr wirklich?“ fragte er spöttisch. „Ein gutes Feuer gäbe das alte Holz, mehr aber wohl kaum!“

Der Meister trat hinzu. „Sprich nicht so leichtfertig, Bursche!“ wies er den jungen Mann zurecht. „Wer es versucht, den Mühlgötz von seinen Platz wegzuschaffen, der wird sich wundern. Solche Prügel hat er sein Lebtag noch nicht bezogen!“

Der Mühlknappe schwieg und zuckte mit den Schultern. Insgeheim dachte er aber bei sich: „Warte nur, Mühlgötz, wenn du schon so ein wunderliches Ding bist, dann dürfte dir ein Bad nicht schlecht anstehen, das dir den Staub und Dreck abwäscht, damit man dich wieder richtig wahrnehmen kann!“

Zur Mitternacht, als die Müllersleute und die Knechte und Mägde schliefen, und es in der Mühle auch sonst still war, erhob sich der Knappe leise von seinem Lager und schlich in die Mahlstube.

„Na, du alter Mühlgötz, komm mit!“ höhnte er. „Ich will dich im Mühlbach baden, damit du endlich wieder sauber dreinschaust.“ Er hob den Mühlgötz hoch, und obwohl die Figur schwerer war als zwei Säcke Mehl, schleppte er sie doch aus der Mühle und warf sie in den Wassergraben. Er wollte den Mühlgötz ein Stück schwimmen lassen, ihn dann wieder herausfischen, um ihn schließlich auf seinen alten Platz zu stellen.

Aber kaum war der Mühlgötz ins Wasser geplatscht, als sich ein brausender Sturm erhob und gewaltig an den Mauern der Mühle rüttelte. Zugleich schwoll das Wasser an, als sei ein Wolkenbruch niedergegangen, und das Mühlrad drehte sich immer schneller.

Der vorwitzige Bursche war entsetzt. So schnell er konnte, rannte er in die Mühle zurück, die Figur überließ er ihrem Schicksal.

Im Haus ging es noch toller her. Alles, was sich in der Mahlstube befand, tanzte in der Luft herum, als habe es Flügel bekommen. Kübel und Säcke, die Waage mit allen Gewichten, sogar ein alter Mahlstein -, alles schwirrte kreuz und quer durch den Raum. Noch schlimmer aber war, daß alle Bewohner der Mühle, vom Meister und seiner Frau bis zur jüngsten Magd, wie besessen in ihren Nachthemden und Schlafmützen zwischen den Gegenständen herumtanzten. Dazu bimmelte die Mühlenglocke so eindringlich, daß jedermann glauben mußte, ein Feuer sei ausgebrochen.

Auch ein mächtiger Holzknüppel, mit dem der Meister sonst die Mahlsteine aufzuheben pflegte, sauste herum. Kaum hatte der Knappe die Tür hinter sich geschlossen, als sich dieser Knüppel auf ihn stürzte und ihn weidlich verbleute. Zwar schrie der Bursche laut Ach und Weh, aber das nützte ihm gar nichts. Je lauter er schrie, desto heftiger schlug der Knüppel zu. Schließlich suchte der unglückliche Mühlknappe sein Heil in der Flucht, aber der Knüppel verfolgte ihn durch die Tür, verfolgte ihn vor der Mühle, trieb ihn bis an den Mühlgraben, wo der Mühlgötz auf den Wellen schaukelte und dem Burschen die Zunge herausstreckte. Ächzend und jammernd kletterte der hinunter ans Wasser, derweil der Knüppel Wache hielt. Stöhnend angelte der Knappe den Mühlgötz heraus und schleppte ihn, der plötzlich siebenmal schwerer war als zuvor, in die Mahlstube zurück.

Kaum stand der Mühlgötz in seiner angestammten Ecke, beruhigte sich der Spuk so urplötzlich, wie er begonnen hatte. Alles sprang an seinen Platz zurück. Die Müllersleute schliefen ruhig atmend in ihren Betten. Die Glocke schwieg. Das Wasser sank. Das Rad stand still.

Noch benommen von dem Erlebten, verharrte der Bursche ratlos in der Mahlstube, als der Müller mit allen seinen Leuten erschien und den leichtsinnigen Burschen aus der Mühle jagte. Nie wieder solle er sich in Plauen sehen lassen.

So mußte der Knappe noch in derselben Nacht davonziehen. Er bereute bitter sein leichtfertiges Tun und Handeln. Als er nach langer Zeit endlich Arbeit in einer entfernten Mühle fand, verrichtete er sie gewissenhaft, wie ihm geheißen wurde. Er hütete sich auch, etwas von seinem Abenteuer zu erzählen. Zu groß war die Furcht, der Mühlgötz könnte ihn aufstöbern und erneut durchprügeln lassen.

Seitdem hat auch niemand mehr versucht, den Mühlgötz zu baden. Er stand solange in seiner Ecke, bis die Obere Mühle zu Plauen verging und niemand mehr sagen konnte, wo er wohl hingeraten sein könnte.

H.V.Pl. 1900

# Von der Ruine Stein

Nicht weit entfernt von der Stadt Oelsnitz erstreckt sich zwischen sanften Hügeln die stille Wasserfläche einer Talsperre, die ihren Namen von dem in der Nähe liegenden Dorf Pirk erhielt. Im Sommer tummeln sich hier Menschen aus vielen Gebieten Deutschlands bei Sport und Spiel. Viele wandern auch über die Sperrmauer hinüber zum anderen Ufer, wo man auf einer kleinen Halbinsel das uralte Gemäuer der Ruine Stein entdekken kann.

Gern treffen sich hier am Abend die Erholungsuchenden. Dann flackert ein Lagerfeuer zwischen den alten Mauern. Durch die leeren Fensterhöhlen blickt man auf den nachtschwarzen See. Der Wind rauscht sanft und geheimnisvoll in den Zweigen der Eichen, die einen schützenden Halbkreis um den Platz bilden. Das ist die Stunde, um darüber nachzudenken, wann dieses Gemäuer wohl entstanden sein könnte und wie es untergegangen war. Es sind nur ganz wenige Urkunden vorhanden, die Auskunft über die Geschichte der Ruine Stein geben können, jedoch gibt es viele geheimnisvolle Sagen und Märchen.

Vor sehr langer Zeit erhob sich auf dem rechten Ufer der Weißen Elster, die tief unten im Tal fließt, eine kleine, feste Burg. Sie war auf einem unzugänglichen Felsen gegründet, daher trug sie ihren Namen: Burg Stein. Man erzählt sich, daß sie erbaut wurde, um den alten Handelsweg im Tal gegen Räuber und Mörder zu schützen. Auch bot die Burg Schutz und Zuflucht, wenn ein Krieg das Land überzog und die Menschen im Tal bedrohte.

Zuletzt lebten drei Schwestern in der Burg. Da seit langem Frieden im Land war, beschäftigten sie sich vor allem damit, in den Dörfern Kranke zu heilen und alten Leuten mit milden Gaben zu helfen.

Es gab viele Ritter in der Gegend, denen die Schwestern so sehr gefielen, daß sie sie gern als Herrinnen in ihre Burgen heimgeführt hätten. Die Schwestern aber hatten sich geschworen, beieinander zu bleiben und nur dann zu heiraten, wenn sie drei ehrliche, kluge und gute Brüder fänden, gleich ob sie von Adel oder von einfacher Geburt wären.

Die Zeit verging. Eines Tages ließ sich ein Müller unterhalb der Burg nieder und betrieb die Mühle, die dort schon seit langer Zeit Mehl lieferte. Er hatte drei große und schöne Söhne, die stark und freundlich waren. Die Burschen verliebten sich in die Schwestern. Auch den Mädchen gefielen die Söhne des Müllers. So ward beschlossen, im kommenden Frühjahr eine große Hochzeit zu feiern. Alle Leute im Tal und in den Dörfern ringsum freuten sich des Glücks der jungen Leute, niemand wünschte ihnen Böses.

Es gab aber oben im Gebirge einen Ritter, der tat sich mit zwei anderen Herren zusammen. Sie schworen den Schwestern Rache, weil sie einmal als Freier abgewiesen worden waren. Sie beschlossen, die Burg bei Nacht zu überfallen und die Schwestern so lang im Kerker gefangen zu halten, bis sie einer Heirat zustimmen würden.

Sie zogen mit ihren Knechten ins Elstertal. Als sie die Burg Stein sahen, warteten sie ab, bis es Nacht wurde.

Die Schwestern, die von niemanden in ihrer Umgebung Arges zu befürchten hatten, ließen das Tor zu jeder Tages- und Nachtzeit offenstehen, damit Hilfsbedürftige stets Einlaß finden konnten. Diesen Umstand nutzten die Ritter aus. Als unten in der Mühle und rings auf den Höhen in den Dörfern Taltiz, Magwitz und Planschwitz die Lichter erloschen, schlichen sie mit ihren Gesellen in die Burg.

Die Schwestern saßen in ihrer Stube beisammen, als die Tür krachend aufflog und gepanzerte Ritter und Knechte hereinstürmten.

„Was soll das?“ fragte die Älteste streng, während sich die beiden Jüngeren ängstlich hinter ihr versteckten.

„Wir sind gekommen, die gnädigen Fräulein zur Hochzeit zu laden“, gab der Ritter zurück. „Wir drei begehren Euch zu unseren Frauen!“

Die Älteste schüttelte verneinend Kopf. „Das geht nicht, edler Herr. Wir sind bereits drei ehrlichen Burschen verlobt. Im kommenden Jahr werden wir Hochzeit feiern!“

Der Ritter blickte sich um und fragte seine Gefährten: „Habt ihr jemals davon gehört, daß es hier drei edle Herren gibt, die diese Fräulein freien könnten?“

„Es sind keine Herren von Adel, wie Ihr glaubt“, sagte die Älteste. „Es sind die Söhne des Müllers aus der Elstermühle!“

Die Ritter sahen sich verdutzt an. Dann brüllten sie vor Lachen und grölten höhnisch: „Eines Müllers Söhne haben sie sich auserlesen? Adelsfräulein heiraten gemeines Volk? So etwas hat es noch nie gegeben, und so etwas wird es auch nie geben!“

„Und wenn Ihr noch so spottet und schreit“, sagte die Älteste fest, „es bleibt doch unser Wille. Bemüht Euch nicht weiter, Ihr Herren, und verlaßt unsere Burg!“

„Das wird sich zeigen!“ schrie der Ritter. „Wir werden Euch so lange in Euren Turm sperren, bis Ihr anderen Sinnes geworden seid!“

Ehe sich's die Schwestern versahen, wurden sie von den rohen Knechten ergriffen und ins Verlies geschleppt, in dem seit Menschengedenken niemand mehr eingesperrt worden war.

„Hier unten bleibt Ihr, bis Ihr Euch besinnt!" Die Ritter lachten höhnisch. Dann schlugen sie die schwere Tür zu. Es wurde finster um die Schwestern.

Die Ritter zogen hinab ins Tal, überfielen die Mühle und töteten alle, die sich darin befanden.

Um die Spuren ihrer Untat zu verwischen, steckten sie das Gebäude in Brand. Am nächsten Morgen erzählten sie scheinheilig den Bauern, die fassungslos an der Brandstätte standen, eine Horde Mord-

buben hätte die gräßliche Tat vollbracht. Sie seien leider zu spät gekommen, hätten aber beschlossen, sich der Schwestern auf der Burg anzunehmen und auch die Dörfer ringsum unter ihren Schutz zu stellen.

Die Bauern stimmten zu. Sie begruben den Müller und seine Familie und versprachen, den Rittern Korn, Fleisch und Bier auf die Burg zu liefern, wenn sie den Schutz vor weiteren Überfällen übernähmen.

Das war so recht im Sinne des Anführers. Bald zeigte sich aber, was für üble Herren jetzt auf Burg Stein regierten. Kein Kaufmann war mehr sicher und konnte in Frieden durch's Tal ziehen. Und wenn die Bauern ihre Abgaben nicht pünktlich leisteten, holten sich die Ritter mit Gewalt, was sie für ihr Leben in Saus und Braus brauchten. Es gelangte auch kein Fremder mehr in die Burg, so daß keiner erfuhr, wie es dort wirklich zuging. Die Bauern fragten sich allerdings oft, weshalb die freundlichen Schwestern dieses arge Treiben zuließen.

Jeden Tag ließ der Anführer die Tür des Verlieses öffnen und rief hinab, ob es sich die Mädchen überlegt hätten. Aber jedesmal kam die Antwort, die er schon immer gehört hatte.

So gingen drei Jahre ins Land.

Doch einmal verplapperte sich der Knecht, der den Gefangenen Brot und Wasser brachte. „Schöne Fräulein“, flüsterte er, „gebt doch endlich Euren Starrsinn auf, oder wollt Ihr Euer ganzes Leben hier unten verbringen? Seit drei Jahren sind Eure Verlobten nicht mehr am Leben. Und die Mühle gibt es auch nicht mehr!“

Die Schwestern blickten sich entsetzt an. Sie wollten die fürchterliche Kunde nicht glauben. Der Knecht schwor aber einen heiligen

Eid, daß er die Wahrheit gesprochen hatte. Er berichtete ihnen auch, daß die Burg inzwischen zu einem gefürchteten Raubnest geworden war und das Tal schon lange den Frieden verloren hatte.

Die Schwestern brauchten lange, um sich zu besinnen. Dann besprachen sie einen Plan.

Am anderen Tag sagte die Älteste, sie wolle mit den neuen Herren reden. Sie hätten sich reiflich überlegt, was sie zu tun gedächten. Die Ritter glaubten, daß sie nun endlich am Ziel wären und ließen die Schwestern aus dem Verlies holen. Sie durften baden, sich endlich wieder pflegen. Prunkvolle Gewänder lagen für sie bereit.

Als sie fertig waren, traten sie furchtlos vor die Ritter. „Führt uns heute abend beim ersten Mondenstrahl auf die Mauer über dem Tal", forderte die Älteste. „Wir wollen noch einmal dort hinunterblicken, wo wir einst sehr glücklich waren, und Euch dann unseren Entschluß mitteilen."

Die Ritter ließen sie gewähren. Alles geschah, wie es sich die Schwestern erbeten hatten. Als der Mond über den Waldbergen aufstieg und das Tal erleuchtete, traten sie auf die hohe Mauer, unter der tief unten der Fluß rauschte. Lange schauten sie hinab, wo einst die Mühle gestanden hatte.

„Nun, wie habt Ihr Euch entschlossen?" fragten die Ritter ungeduldig, denn es dauerte ihnen schon viel zu lange.

Da wandten sich die drei Schwestern um. Die Älteste sprach: „Ihr habt uns das Liebste genommen, was wir auf der Erde besaßen. Ihr habt den Frieden im Tal zerstört. Und nun wollt Ihr auch noch unser Leben zerstören. Hört unseren Entschluß: Ihr sollt verflucht sein, verflucht und dreimal verflucht! Ihr sollt nicht eher Ruhe finden, ehe nicht das Wasser der Elster bis an die Mauern unserer Burg reicht!"

Die Schwestern faßten sich an den Händen. Sie sahen sich zum Abschied in die Augen. Dann sprangen sie gemeinsam von der Mauer hinab ins Tal - und damit in den Tod.

Die Ritter standen wie erstarrt. Der Schreck und die Wut lähmten ihre Glieder. Plötzlich brach ein großes Unwetter über das Tal her-

ein. Unermeßliche Wassermengen stürzten vom Himmel, als wollten sie alles unter sich begraben. Ein gewaltiger Blitz schlug in den Burgturm. Das Feuer erfaßte alle Gebäude.

Die drei Ritter flüchteten auf die Mauer, von der sich die Schwestern ins Tal gestürzt hatten. Ein wuchtiger Sturmstoß packte sie und schleuderte sie in die Tiefe.

Der Wolkenbruch spülte Steine und Erde vom Berg. Am nächsten Morgen war die Burg verschwunden.

Die drei Ritter aber spukten als Wassermänner in der Weißen Elster. Jedes Frühjahr stauten sie Bäume und Steine auf, die die Elster und ihre Nebenflüsse während der Schneeschmelze aus den Bergwäldern mitbrachten. Immer hofften die Geister der Ritter, daß es gelingen würde, das Wasser bis zu den Grundmauern der Burg aufzustauen, aber ihre Kraft reichte dazu nicht aus.

Hoch über ihnen auf dem Berg zeigten sich seitdem alle neunundneunzig Jahre drei weiße Gestalten. Das waren die Schwestern, die darauf warteten, endlich zur Ruhe zu kommen, aber das konnte nur geschehen, wenn sich ihr Fluch erfüllte.

Erst in unserem Jahrhundert machten sich die Menschen daran, einen Damm aus wuchtigen Steinen zu fügen, um die Hochwasser zu bändigen, die immer wieder die fleißige Arbeit der Bauern im Tal verwüstet hatten. Als die Sperrmauer der Talsperre Pirk fertig war, stieg das Wasser immer höher, bis es seinen höchsten Stand erreicht hatte. Plötzlich rutschte unweit der Mauer eine große Erdmasse in die Fluten, und die Grundmauern der alten Burg Stein kam ans Tageslicht.

Die Wassergeister haben seitdem nicht mehr gespukt, und die drei Weißen Frauen sind seither auch nicht mehr zu sehen. Es kann aber auch sein, daß die neunundneunzig Jahre noch nicht ganz vergangen sind.

# Vom Wassermann und dem Müllerburschen

Vor vielen, vielen Jahren wanderte einmal ein Müllerbursche namens Sebastian das Triebtal aufwärts, der Thoßmühle entgegen, wo er nach Arbeit fragen wollte. Es war schon spät am Abend. Die Dunkelheit senkte sich schnell herab, denn der Herbst war bereits ins Land gezogen. Jeder hatte Sebastian vor dem gefährlichen Weg durch das enge Tal gewarnt. Die Trieb schoß mit hoher Geschwindigkeit zwischen den riesigen Felsbrocken zu Tal, der Elster entgegen.

Sebastian hätte auch in jeder anderen Mühle Arbeit finden können, aber er hatte so viel von der Schönheit der Tochter des Thoßmüllers gehört, daß ihn nichts davon abhalten konnte, sich auf den Weg zu dieser einen Mühle zu machen.

Durch die Wipfel der Eichen und Tannen pfiff der Wind und trieb düstere Nebelschwaden ins Tal. Rechts und links vom Weg ragten steile Felsen empor. Die Trieb rauschte so ungebärdig, daß man das eigne Wort nicht verstehen konnte.

Immer dunkler wurde es. Sebastian setzte sich auf einen Stein, um zu rasten. Da vernahm er ein schauriges Gelächter, das aus dem Wasser emporstieg und von den Felswänden widerhallte.

Der Müllerbursche, der jung und tapfer war und selten Furcht zeigte, spähte zu der Stelle, von der er das Gelächter vernahm. Er sah, wie aus einem Strudel ein alter Mann auftauchte. Er war so groß, daß er fast an die Wipfel der Tannen am Ufer reichte, wenn er sich aufrichtete. Langes, grünes Haar und ein wallender, ebenfalls grüner

Bart umwehten sein Haupt. Als das Mondlicht für einen Augenblick durch die düsteren Wolken drang, sah Sebastian, daß der Mann kalte Fischaugen hatte und über und über mit silbrigen Schuppen bedeckt war.

„Ich zwinge dich, Müller! Ich zwinge dich und bekomme deine Tochter!" schrie der Wassermann, denn um einen solchen handelte es sich, und er drohte mit der Faust talaufwärts. Dreimal wiederholte er die Drohung. Dann versank er in einem Strudel. Der Bach rauschte und toste, als hätte es die Erscheinung nicht gegeben.

Sebastian wartete noch eine Weile, aber der Geist zeigte sich nicht wieder. So machte sich der Müllerbursche auf, um die Thoßmühle noch vor Mitternacht zu erreichen.

Schon bald traten die steilen Felswände zurück. Ein anmutiges, vom Mond beschienenes Tal tat sich vor Sebastians Blicken auf. Von weitem hörte er das Klappern der Mühle. Bald sah er auch Licht aus einem Fenster schimmern.

Der Thoßmüller, ein alter freundlicher Mann, empfing den späten Ankömmling und bat ihn in sein Haus. In der Küche erblickte Sebastian ein Mädchen mit blauen Augen und langen braunen Zöpfen. Es war von zierlicher Gestalt und vielleicht drei Jahre jünger als er selbst.

Der Müller stellte das Mädchen als seine Tochter Kathrin vor und hieß sie, dem Gast ein Nachtmahl zu richten. Flink machte sie sich an die Arbeit. Als sie die bewundernden Blicke des Burschen bemerkte, senkte sie schnell die Lider.

Der Müller lud den Gast ein, ordentlich zuzugreifen. Sebastian ließ sich nicht lange bitten. Die lange Wanderung hatte ihn hungrig und durstig gemacht. Während er fleißig der Mahlzeit zusprach, seufzte der Müller bedrückt und sagte schließlich, daß er wohl kaum Arbeit für den Burschen hätte.

„Und warum nicht?“ fragte Sebastian. „Bringen die Bauern denn kein Getreide zum Mahlen?“

„O doch!“ antwortete der Müller. „Korn ist genug da. Auch die Mühle ist im besten Zustand, nur ... “

„Vater, laß es gut sein“, sagte Kathrin leise und setzte sich neben den Müller. „Wenn es nicht anders geht, muß ich mich eben fügen!“

„Nie und nimmer gebe ich dich dem Wassermann!“ rief der Müller zornig und hieb mit der Faust auf den Tisch, daß Teller und Krüge in die Höhe sprangen.

„Ich verstehe nicht“, sprach Sebastian und sah Vater und Tochter ratlos an. Er ahnte aber bereits, daß die Erscheinung, die er unten im Tal gesehen hatte, mit den Sorgen des Müllers zu tun hatte.

„Hör zu“, gab der Müller zurück. „Schon sieben Monate treibt ein Wassermann in der Trieb sein Unwesen. Seitdem geht in der Mühle alles verquer. Oft verschwindet das Wasser aus dem Mühlgraben, und das Rad steht still. Wenn das Wasser doch darüber geht, rutscht das Korn nicht in den Trichter. Und in der Nacht johlt es draußen im Tal, daß man kein Auge zutun kann!“

„Also spielt Euch der Wassermann diese üblen Streiche?“ fragte Sebastian gespannt.

Der Müller nickte. „Vor Jahresfrist starb meine Frau“, erzählte er weiter. „Seitdem lebe ich mit Kathrin allein. Viele Müllerburschen waren schon hier, aber keinen hielt es länger als eine Woche, dann trieb ihn der Spuk fort. Auch dich wird er fortjagen, auch dich!“

„Und warum spielt Euch der Wassermann all den Schabernack?“ fragte Sebastian.

„Er will meine Tochter zur Frau“, sagte der Alte. „Wenn er sie bekommt, will er die Thoßmühle zur reichsten Mühle im ganzen Triebtal machen. Und er wird solange spuken, bis ich ihm gebe, was er verlangt!“

Sebastian wandte sich um und sah einen Herzschlag lang in die Augen des Mädchens. „Ich werde Euch helfen, Meister“, versprach er, wußte aber noch nicht, wie er das anstellen sollte.

„Versuch's meinethalben“, willigte der Müller ein. „Trotzdem, es wird dir kaum gelingen. Aber fordere nicht Geld und Gut von mir, das habe ich nicht. Mein einziger Reichtum sind meine Arbeit und meine Kathrin.“

Sebastian blickte wieder zu dem Mädchen und sah, daß es zaghaft und scheu lächelte. „Geld und Gut fordere ich nicht“, sagte er dann, „aber was in meinen Kräften steht, soll getan werden, um Euch von dem Spuk zu erlösen!“

Nach Mitternacht wurde Sebastian wach. Draußen rüttelte jemand ungestüm am Mühlrad. Er sprang aus dem Bett und schlich ans Fenster seiner Schlafkammer. Er sah, wie der Wassermann eben begann, das mächtige Rad aus seinem Lager zu heben. Sebastian riß das Fenster auf und beugte sich hinaus. „He, mach daß du wegkommst oder ich zeige dir mit einem Knüppel, was es heißt, fremder Leute Mühle zu zerstören!“ schrie er hinab.

Der Wassermann hielt inne und blickte nach oben. Er streckte sich und wuchs wieder so in die Höhe, daß Sebastian die kalten Fischaugen dicht vor seinem Gesicht sehen konnte.

„Hoho, du Wicht!“ schnaubte der Geist. „Du wagst es, mir zu drohen? Willst mir gar den Rücken verbleuen, mir, dem Wassergeist des Triebtales?“ Der Geist schüttelte sich vor Lachen.

Obwohl Sebastian das Herz bis zum Halse schlug, sagte er tapfer: „Wenn du dich nicht sofort wegscherst, komme ich mit dem Knüppel! Wirst es erleben!"

Der Wassermann schien nachzudenken. Dann änderte sich seine Stimme zu freundlichem Flüstern: „Höre, Bursche, wenn du weiterziehst und mich hier mein Werk tun läßt, dann will ich dir oben im Tal eine Mühle schenken, in der du reich werden kannst!"

„Ich will deine Mühle nicht! Und Reichtum bedeutet mir schon gar nichts!" gab Sebastian fest zurück. Er nahm allen Mut zusammen und schrie den Wassermann an: „Bring sofort das Mühlrad wieder an seine Stelle, sonst setzt es 'was! Meine Geduld ist am Ende. Ich zähle bis drei!"

Da wurde der Wassermann wieder so groß wie zuvor. „Eine Probe hast du bestanden, du Wicht", knurrte er. „Doch warte nur, dich jage ich weg, den Müller zwinge ich, und seine Tochter kriege ich! Hoho!"

Damit setzte er das Rad wieder an seinen rechten Platz und verschwand in einem tosenden Wasserwirbel. Sebastian rieb sich die Augen. Nein, er hatte nicht geträumt, aber er war sicher, daß der Spuk in dieser Nacht nicht wiederkehren würde. So legte er sich nieder und schlief ruhig ein.

Am nächsten Morgen weckte ihn der Thoßmüller. Nach dem Frühstück gingen sie gemeinsam an die Arbeit - und siehe da, das Mühlrad drehte sich geschäftig. Schon hallte das Klappern der Mühle weit durch das Tal. Sebastian erzählte dem Müller, was sich in der Nacht zugetragen hatte, doch der Alte sagte, er hätte nichts gehört, vielleicht habe Sebastian das alles nur geträumt. Kathrin aber, wenn sie Sebastian begegnete, senkte den Blick. Erst wenn er vorüber war, hob sie die Lider und schaute ihm nachdenklich hinterher.

In der nächsten Nacht nahm sich Sebastian für alle Fälle einen mächtigen Eichenknüppel mit in die Schlafkammer. Er hatte den Tag über hart gearbeitet, so daß er schnell einschlief. Gegen Mitternacht erwachte er, weil das Rauschen des Wassers plötzlich verstummt war. Er packte entschlossen seinen Knüppel und schlich sich vorsichtig ins Freie. Sebastian ging um die Mühle, aber er entdeckte nichts Verdächtiges.

Trotzdem blieb der Bach stumm. Sebastian beschloß, talaufwärts zu gehen. Als er an das Ufer des Baches kam, sah er mit Schrecken, daß alles Wasser verschwunden war. Während er noch bedachte, wie das wohl möglich sei, hörte er aus dem Bachbett jemanden ängstlich wispern. „Zu Hilfe! Ich muß ersticken!"

Neugierig beugte sich Sebastian vor und erblickte eine Forelle, die matt mit dem Schwanz schlug und voller Todesangst das Maul öffnete und schloß. Sebastian stieg eilig hinab und hob den Fisch auf. So schnell er nur konnte, rannte er zur Mühle zurück. Hinter dem Mühlrad floß das Wasser wieder, so unerklärlich das auch war.

„Fürchte dich nicht, ich helfe dir!" flüsterte Sebastian, während er die Forelle vorsichtig ins Wasser setzte. Der Fisch tauchte unter, schnellte aber gleich darauf dreimal hoch in die Luft. Sebastian kam es vor, als riefe er dabei jedesmal einen Dank. Es schien ihm auch, als trüge der Fisch mit einem Mal goldglänzende Schuppen, aber das konnte ebensogut eine Täuschung sein. Doch als er sich die Hände abtrocknete, bemerkte er drei goldglänzende Fischschuppen auf seiner Hand. Die wollte er behalten und morgen früh dem Meister als Beweis zeigen, daß er nicht geträumt hatte. Sosehr er sich aber mühte, die Schuppen von der Hand zu lösen, sowenig gelang es ihm. Sie blieben haften, als seien sie angewachsen.

Sebastian ließ es gut sein, denn eigentlich wollte er ja nach dem Wasser sehen. Schnell ging er in die Mühle, holte seinen Knüppel und nahm bachaufwärts seinen Weg.

Er war vielleicht dreihundert Schritte gegangen, als er den Wassermann sah. Breitbeinig stand der im Bachbett und sah laut lachend zu, wie das Wasser gurgelnd durch ein tiefes Loch in der Erde verschwand.

Diesmal hielt sich der Bursche nicht erst mit Drohungen auf. Er sprang hurtig hinter den Geist und versetzte ihm einen wuchtigen Schlag auf den Kopf.

Mit einem lauten Schmerzensschrei fuhr der Wassermann herum. „Hoho!" schrie er wütend. „Der Wicht ist wieder da! Nun, laß einmal sehen, wie stark du wirklich bist!"

Wieder wuchs der Wassermann in die Höhe, aber Sebastian besann sich nicht lange. Er packte den Knüppel mit beiden Fäusten und hieb kräftig zu. Je mehr sich der Wassermann aber streckte, um so größer und wuchtiger wurde auch der Knüppel. Dreimal schlug er den Wassermann damit auf den Kopf. „Mach das Loch zu, und laß das Wasser wieder in den Bach!" rief er bei jedem Schlag. „Ich werde dich so lange prügeln, bis du es getan hast!"

Da rutschte der Wassermann wieder auf seine ursprüngliche Größe zusammen. Er ergriff einen riesigen Felsbrocken und verschloß damit das Loch. Sofort sprudelte der Bach wieder in seinem Bett der Mühle entgegen. „Die zweite Probe hast du auch bestanden, du Wicht!" knurrte der Wassermann. „Aber warte nur, dich jage ich weg, den Müller zwinge ich, und seine Tochter bekomme ich! Hoho!" Er peitschte noch einen gewaltigen Wirbel ins Wasser, dann verschwand er.

Sebastian ging zurück in die Mühle und legte sich zur Ruhe. Am anderen Morgen weckte ihn der Müller. Sebastian berichtete von dem nächtlichen Erlebnis, aber auch diesmal tat es der Alte als einen bösen Traum ab. Sebastian wollte ihm die Schuppen zeigen, doch sie waren verschwunden. Ich werde sie verloren haben, dachte er traurig. Aber dann sah er Kathrin, die ihn freundlich anblickte, und er wurde wieder heiter und arbeitete bis in den späten Abend hinein.

Um Mitternacht erwachte er wieder aus tiefem, traumlosen Schlaf. Jemand hatte an sein Fenster gepocht. Als sich Sebastian erhob, um nachzusehen, stand der Wassermann riesig und drohend vor dem Fenster.

„Hast du immer noch nicht genug?“ fragte Sebastian zornig. „Ich habe den Tag schwer gearbeitet und brauche meine Ruhe. Geh! Oder willst du wieder eine Tracht Prügel?“

Der Wassermann lachte schallend. „Du zwingst mich nicht, du Wicht!“ sagte er drohend. „Du bist zu klein und zu schwach. Um mich zu besiegen, müßtest du meine Kraft finden und sie heben und wegschaffen von diesem Platz. Doch niemand weiß, wo meine Kraft versteckt ist, du auch nicht! Es wird dir nicht gelingen, mich zu vertreiben. Laß mir also die Tochter des Müllers. Dafür baue ich dir eine neue Mühle oben im Gebirge, wo du nicht nur mahlen, sondern auch Holz schneiden kannst!“

„Deine Mühle will ich nicht, aber dich werde ich schon bezwingen“, gab Sebastian zurück.

„Morgen abend hole ich mir die Müllerstochter. Dann mache ich vor Freude ein Hochwasser, daß alles, die Mühle, der Alte und du Wicht, darin ersaufen soll!“ kicherte der Wassermann, sprach's und verschwand in einem Wasserwirbel des Baches.

Sebastian war sich klar darüber, daß der Geist nicht gescherzt hatte. Er grübelte erst über dessen rätselhafte Worte von der verborgenen Kraft nach, aber er fand nicht heraus, was der Wassermann damit gemeint haben könnte. Sebastian ging aus der Mühle und setzte sich an den mondbeschienenen Bach, um besser nachdenken zu können. Er mußte einen Weg finden; denn am nächsten Tag würde Kathrin von dem widerwärtigen Wassermann geholt, wenn niemand Rat weiß, wie das zu verhindern sei.

Da war ihm, als ob das Mühlrad knarrend sprach: „Gehe den Bach hinauf, dorthin wo das Loch war!" Dreimal knarrte das Rad, dann schwieg es wieder. Richtig, dachte Sebastian, das Wasser gibt seine Kraft dem Rad, das Rad gibt sie den Steinen, und all diese Kraft hat auch der Wassermann. Sebastian zögerte nicht mehr. Er erhob sich und eilte bachaufwärts, bis er den Platz erreichte, wo er den Geist verprügelt hatte. Er traute kaum seinen Augen. Unendlich viele Forellen schwammen in einem Kreis, und in dessen Mittelpunkt wiegte sich die goldglänzende Forelle in den Wellen, während sieben Krebse nach allen Seiten hin Wache hielten.

Zaghaft trat Sebastian näher. Da hob die Goldforelle ihren Kopf aus dem Wasser, und Sebastian vernahm ein Wispern: „Du hast mir geholfen, also stehe ich dir auch bei. Gehe weiter aufwärts zum alten Mühlteich. Dort findest du einen großen Mühlstein. Hebe ihn heraus und rolle ihn soweit in das Tal hinab, wie dich deine Füße tragen. Bevor die Sonne aufsteigt, mußt du ihn aber wieder ins Wasser werfen. Beeile dich, denn wenn die Sonne aufsteigt und du nicht fertig bist, ist alles umsonst gewesen!"

„Dank, tausend Dank!" rief Sebastian froh. - Noch einmal hörte er das Wispern. „Beeile dich, bevor die Sonne aufsteigt!"

Der Müllerbursche hastete in die Mühle zurück, um seinen Holzknüppel zu holen. Immerhin konnte es sein, daß er dem Wassermann begegnet. Dann machte er sich auf den Weg zum alten Mühlteich. Dort angekommen, sah er sich aufmerksam um, aber er konnte den Stein nicht entdecken. So stieg er schließlich in den Teich. Immer tiefer versank er im Wasser. Seine Füße fanden kaum festen Grund im Schlamm. Als er die Mitte des Teiches erreicht hatte, stießen seine Zehen an etwas Hartes. Seine Hände spürten auf dem Grund des Teiches einen gewaltigen Mühlstein. Aber so sehr sich Sebastian auch bemühte, so wollte es ihm doch nicht gelingen, den Stein anzuheben und ans Ufer zu schaffen.

Entmutigt stieg er wieder aus dem Wasser und setzte sich erschöpft am Ufer nieder. Da hörte er vom Bach her boshaftes Kichern. Der Wassermann war aufgetaucht und beobachtete Sebastian.

„Du schaffst es nicht, nie und nimmer!" kicherte der Geist hämisch. „Morgen abend hole ich die Müllerstochter, und dann gibt es ein prächtiges Hochwasser! Hoho! Hihi! Hoho!"

Sebastian ergriff den Knüppel und sprang auf. Wenn er schon den Stein nicht heben konnte, so wollte er dem Geist doch wenigstens eine ordentliche Tracht Prügel verabreichen und ihn dadurch vielleicht zum Rückzug zwingen.

Aber der Wassermann, der Sebastian heranstürmen sah, floh bachaufwärts. So sehr sich Sebastian auch anstrengte, er konnte den Geist nicht einholen. Da fiel es ihm wie Schuppen von den Augen. Der Wassermann wollte ihn ja nur bis zum Sonnenaufgang hinhalten. Sebastian betrachtete den Knüppel. Taugte er vielleicht nicht nur zum Prügeln? Hob man mit ihm nicht eigentlich Mühlsteine auf? Sebastian hastete zum Teich zurück.

Kaum hatte er den Knüppel in das Loch des Mühlsteins gesteckt, als sich der Stein schon wie eine Feder anheben und ans Ufer tragen ließ. Verwundert sah Sebastian, daß die Goldschuppen, die er an seiner Hand nicht mehr finden konnte, nun oben an dem Knüppel hafteten.

Er stellte den Mühlstein auf und begann ihn talwärts zu rollen. Schon war er an der Mühle vorüber, als von der Trieb her Geschrei erscholl, das sich immer mehr zum kläglichen Wimmern wandelte.

„Laß doch den Stein liegen, Wicht!" bettelte der Wassermann. „Laß mir die Müllerstochter! Drei Mühlen gebe ich dir, eine größer und reicher als die andere!"

Sebastian achtete jedoch nicht auf das Jammern, das sich um so mehr verstärkte, je weiter er sich von der Mühle entfernte. Die Kraft des Geistes steckte also im Mühlstein! Aber sie reichte wohl nur bachaufwärts. Hurtig rollte der Bursche den schweren Stein weiter talwärts.

Schon hatte er die Stelle erreicht, wo sich das Tal verengte, als hinter den Bergen die Sonne aufstieg. Schnell gab Sebastian dem Stein noch einen kräftigen Stoß, so daß er in den Bach rollte und dort liegenblieb. Aber auch der Knüppel mit den Wunderschuppen fiel ins Wasser. Die Wellen trugen ihn rasch davon.

Der Wassermann setzte mit einem Sprung über den Stein. Wütend hob er seine Fäuste und schrie dabei: „Die dritte Probe hast du auch bestanden, du Wicht! Diesmal hast du gewonnen! Aber ich werde wiederkommen. Immer werde ich wiederkommen, solange es Menschen gibt, die mir den Stein zurückschaffen, weil ihnen Reichtum mehr bedeutet, als du ahnst!" Damit versank der Geist in einer hochaufschießenden Schaumwolke im Wasser.

Langsam und müde ging Sebastian zur Mühle zurück. Die Drohung des Wassermanns ängstigten ihn nicht. Die Menschen werden das Tal gegen Raffgier und Habsucht zu schützen wissen, dachte er. Aber würde er nun Kathrin fragen dürfen, ob sie seine Frau werden wolle?

Staunend blieb Sebastian vor der Mühle stehen. Viele Fuhrwerke hielten auf dem Hof. Der Thoßmüller hatte alle Hände voll zu tun, um den Bauern beim Verladen der Mehlsäcke zu helfen.

„Ein Wunder ist geschehen“, sagte er zu Sebastian. „Denke dir nur, über Nacht hat sich alles Korn in Mehl gewandelt. Sieh nur, frische Steine haben wir auch und ein neues Rad dazu. Das Wasser fließt, als wolle es nimmermehr aufhören damit!“

Sebastian nickte. Dann sagte er leise: „Laßt mich bei Euch bleiben, bitte!“ Dabei sah er zu Kathrin, die eben aus dem Haus trat und langsam näherkam.

Der Thoßmüller schaute die beiden nachdenklich an. Dann lächelte er und sprach. „Ich wußte es schon eine Weile, daß ihr euch gern habt. Ich wollte nur nicht glauben, daß du helfen würdest, ohne an deinen Vorteil zu denken. Sei ab heute wie mein Sohn oder, wenn Katrin dich heiraten will, werde du mein Schwiegersohn!“

Damit legte er die Hände des Mädchens und des Burschen ineinander. Das Mühlrad klapperte. Die Trieb rauschte munter. Die Vögel sangen in den Bäumen. Katrin und Sebastian wurden ein Paar und lebten lange und glücklich in der alten Thoßmühle.

An der Stelle, wo einst der Mühlstein in die Trieb rollte, erhebt sich heute die mächtige Sperrmauer der Talsperre Pöhl.

# Vom Alten Haus bei Leubetha

Wer von Adorf zu Fuß elsterabwärts geht, kommt nach etwa einer guten halben Stunde in das Dorf Leubetha. Das Flußufer erhebt sich hier zu einem bewaldeten Berg, der einen steilen, zerklüfteten Felsvorsprung zeigt. Man erzählt sich, daß an dieser Stelle vorzeiten eine Burg gestanden haben soll. Wilde Raubritter hätten darin gehaust und von hier aus die Straße ins Böhmische hinüber unsicher gemacht.

Eines Tages überfielen die Mordbuben einen braven Handelsmann, der nichtsahnend mit seinem Gespann des Weges zog. Obwohl der Kaufmann den Räubern alles Geld und Gut, das er mit sich führte, überließ, schlugen sie ihn trotzdem tot. Es sollte keine Zeugenschaft für den Überfall geben.

Mit letzter Kraft hatte sich der Kaufmann noch einmal aufgerichtet und den Verbrechern mit schwacher Stimme zugerufen: „Wenn es eine Gerechtigkeit gibt, so rufe ich die an - meines unschuldig vergossenen Blutes wegen! Ihr aber sollt verflucht sein für alle Zeiten! Verflucht, verflucht, verflucht! “ Dann war er gestorben.

Die Raubritter lachten nur höhnisch, verscharrten den Leichnam und ritten mit ihrer Beute zur Burg zurück.

Dort hielten sie noch am selben Abend ein großes Gelage und feierten den gelungenen Raubzug. Als die Turmglocke Mitternacht schlug, erhob sich der völlig betrunkene Burgherr von seinem Sitz und gröhlte: „Diesen Schluck trinke ich auf den, der uns zu dem Reichtum verholfen hat. Über sein läppisches Fluchen kann ich, meine

Gesellen, nur laut lachen. Wer sich nicht fürchtet, tut mir nach!" Alle erhoben sich, tranken sich zu und lachten lauthals über den Spott ihres Herrn.

Da fuhr ein Blitzschlag herab, ein unerhörter Donner folgte ihm. Im gleichen Augenblick erstarrten Ritter und Knechte in der Haltung, in der sie gerade gesessen hatten. Keiner konnte sich mehr rühren, geschweige denn atmen. Und nun tat sich der Berg auf. Unter dumpfem Poltern versank die Burg darin. Am anderen Morgen war von dem Bauwerk und von seinen Bewohnern nichts mehr zu sehen.

Die Menschen mieden künftig den Ort. Er sei verhext, sagten sie. Im Laufe der Zeit erhielt der Felsvorsprung, auf dem die Burg gestanden hatte, den Namen „Das Alte Haus".

Viele Jahre vergingen. Keiner konnte sich mehr so recht erinnern, wie der Ort zu seinem Namen gekommen war.

Es lebte aber zu dieser Zeit in dem Dorf Freiberg bei Adorf ein Bauer, der war aus dem Böhmischen zugezogen. Er hatte sich mit viel Mühe und Fleiß einen kleinen Hof erbaut, etwas Land urbar gemacht, und auf seiner Wiese grasten sogar zwei Kühe und ein paar Ziegen. Der Bauer - und mit ihm seine Frau und seine Kinder - schuftete vom frühen Morgen bis in die späte Nacht. Dennoch konnte er den Zins nicht aufbringen, den der Grundherr, ein hochmütiger Ritter, forderte. Auch den Zehnten für das Kloster, das von einem ebenso dikken wie schlauen Abt verwaltet wurde, konnte er nicht zahlen.

Der Bauer wußte nicht, daß der Kaufherr, der einst beim Alten Haus erschlagen worden war, sein Vorfahr gewesen ist. Aber wenn er Kinder und Frau sah, wußte er, daß er seinen kleinen Hof aufgeben und sich irgendwo in der Stadt oder auf dem Rittergut einen Dienst suchen mußte. Niemand wollte jedoch seinen verschuldeten Hof haben. Obendrein drohte der Ritter mit dem Schuldturm.

Eines Nachts lag der arme Mann verzweifelt in seinem Bett und wußte sich keinen Rat mehr. Da tat sich leise die Tür auf. Ein schwacher Lichtschein erhellte die Kammer. Der Bauer traute seinen Augen kaum, als er in diesem Schimmer ein winziges und offenbar uraltes Männlein erblickte. Es trug einen langen weißen Bart und war in eine graue Mönchskutte gehüllt. Dieses Männlein, das wußte der Bauer aus den Erzählungen alter Frauen im Dorf, war der Geist eines braven Predigers.

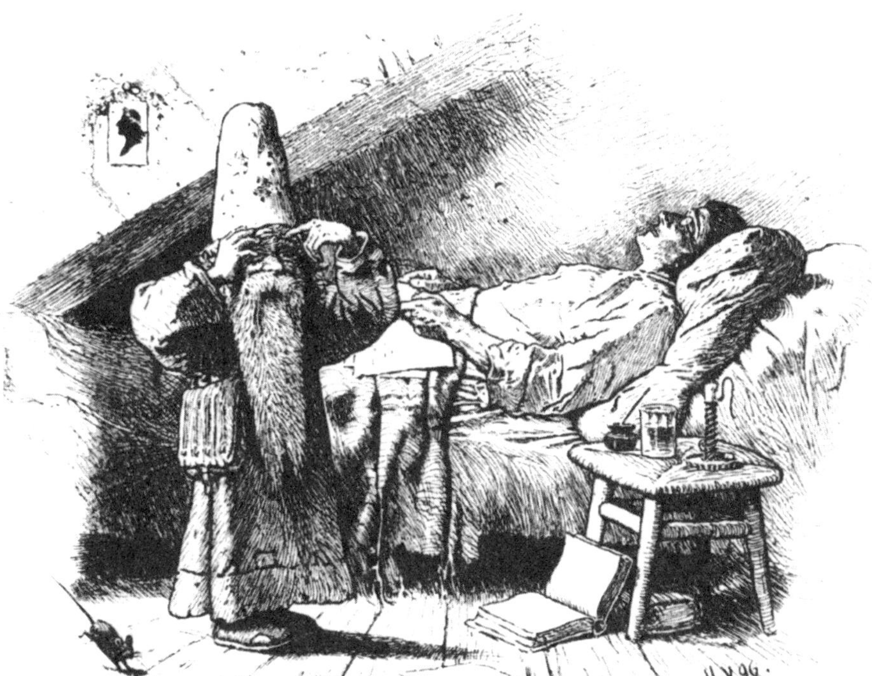

Vorzeiten war er den Raubrittern in die Hände gefallen, die ihn erschlagen hatten. Seitdem ‚so erzählten sich die Frauen, gehe der Mönch um. Wem er sich zeige, der habe großes Unglück zu befürchten. Der arme Bauer konnte aber gar nicht unglücklicher werden, als er schon war. So sah er dem Geist furchtlos entgegen.

„Komm mit mir und beeile dich!“ gebot das Männlein. Der Bauer erhob sich, kleidete sich hastig an und folgte der Erscheinung ohne Zögern. Bald waren sie im Elstertal und überquerten den Fluß auf einem schmalen Steg. Wenig später standen sie vor dem Alten Haus.

„Folge mir getrost! Schweige aber über alles, was du erlebst und siehst!“ gebot das Männlein. „Merke dir: Wenn du dich auch nur ein einziges Mal umwendest, ist alles umsonst gewesen!“

Der Bauer nickte. Obwohl ihm doch recht bange war, folgte er dem Männlein, das schnurstracks auf den Felsen zuging und dreimal mit der Faust gegen den Stein pochte.

Da tat sich der Berg auf. Der Bauer erblickte einen langen Gang, der ins Innere des Berges führte. Das Männlein winkte ihm und schritt hurtig voran. Nach einer Weile machte es vor einer mächtigen Tür aus Eisen halt.

Deutlich hörte der Bauer von Adorf her die Kirchenuhr Mitternacht schlagen. Mit dem zwölften Schlage sprang die Tür krachend auf. Ein weiter, hoher Saal, prächtig mit Tischen, Truhen, Sesseln und Teppichen ausgestattet, wurde sichtbar. Der Saal war festlich erleuchtet. Auf den Tischen standen Speisen und Becher und Krüge mit Wein. Viele Ritter und Knechte befanden sich in dem riesengroßen Raum. Aber alles war totenstill, nichts regte und bewegte sich. Sogar die Flammen der Kerzen waren erstarrt, nicht eine flackerte. Kein Windhauch ging, alles war wie aus Stein.

Schon wollte der Bauer fragen, was dies zu bedeuten habe, zum Glück erinnerte er sich aber des Schweigegebotes.

Das Männlein winkte, ihm näherzukommen. Behutsam ging der Bauer an den erstarrten Rittern vorüber, die mit leeren Augen an ihm vorbeisahen, als wäre er aus Luft.

„Nimm soviel, wie du tragen kannst!" sagte das Männlein und wies auf eine große, bis obenhin mit Goldstücken gefüllte Truhe. Der Bauer traute sich aber zuerst nicht, davon zu nehmen.

„Beeile dich! Die Zeit ist bald um!" mahnte das Männlein ungeduldig und reichte dem Bauern eine kleine Truhe, die auf einem Tisch stand.

Da nahm der Bauer von dem Schatz soviel, wie in die kleine Truhe hineinging. Er wußte nicht, daß er damit das Erbe seines Ahnen an sich genommen hatte; denn eben diese Truhe voll Münzen hatten die Ritter damals geraubt.

Schon winkte das Männlein, ihm zu folgen. Ohne sich umzuwenden, schritt der Bauer dem Geist hurtig hinterher. Als die Turmuhr in Adorf die erste Stunde des neuen Tages schlug, erreichten die beiden die eiserne Tür. Mit lautem Getöse schloß sie sich hinter ihnen. Gleich darauf stand der Bauer vor dem Felsen, das Männlein aber verschwand wie ein Nebelhauch vor seinen Blicken. Als der Bauer sich umdrehte, war der Berg verschlossen. Nicht der kleinste Spalt verriet, wo der Weg zu dem geheimnisvollen Saal begann.

Eilig machte er sich auf den Heimweg. Als er im Morgengrauen zu Hause ankam, weckte er Frau und Kinder und zeigte ihnen den wunderbaren Schatz, aber er hütete sich, den Seinen die ganze Geschichte zu erzählen. Er sagte nur, ein mitleidiger Mensch habe ihm aus der Not geholfen.

Noch am selben Tag ging der Bauer zum Rittergut und bezahlte auf Heller und Pfennig alle Rückstände, hinterlegte auch eine größere Summe für die nächsten Jahre. Ebenso entrichtete er dem Kloster seinen Teil.

Dem Ritter und dem Abt stach das Gold sehr in die Augen. Sie taten sich zusammen, denn sie hatten entdeckt, daß die Goldmünzen aus längst vergangenen Zeiten stammten und einen sehr hohen Wert besaßen. Sie vermuteten also, daß der arme Bauer einen Schatz gehoben hatte, aber keiner von ihnen konnte den Bauern bewegen, etwas über die Herkunft des Geldes zu erzählen. So griffen sie zu einer List.

Der Kellermeister des Klosters, der seinem Herrn hündisch ergeben war, verkleidete sich als reisender Handwerksbursche. Als solcher klopfte er abends bei dem Bauern an und bat bescheiden um ein Nachtquartier. Der nahm ihn nicht nur auf, er lud den späten Gast nach dem Essen auch noch zu einem Krug Bier ein. Der falsche Handwerksbursche aber streute ein Pulver in das Bier, ohne daß es sein Gastgeber bemerkt hätte. Wer diesen Trunk zu sich nahm, wurde redselig und konnte kein Geheimnis mehr bewahren. So dauerte es auch nicht lange, und der Bauer berichtete seinem Gast fröhlich über die wundersame Begegnung mit dem grauen Männlein, über den verzauberten Saal und auch davon, daß im Alten Haus zehnmal mehr Gold läge, als ein einzelner Mann tragen könne.

Am nächsten Morgen zog der falsche Handwerksgeselle davon. Der Bauer aber konnte sich an nichts erinnern. Doch dafür wußten Ritter und Abt, woher der Schatz des Bauern stammte.

Als es dunkel wurde, trafen sie sich am Alten Haus und versteckten sich. Kaum schlug es die Stunde vor Mitternacht, da erschien der

Geist. Die beiden Männer kamen aus ihrem Versteck und baten den Geist, er möge sie zum Schatz im Alten Haus führen. Das Männlein runzelte die Stirn und fragte, ob sie denn so große Not litten, daß sie des Schatzes bedürften. Abt und Ritter brachen über ihre Armut in Wehklagen aus. Jedem kleinen Bauern ginge es besser als ihnen, behaupteten sie. Sie würden ja auch das letzte Stück Brot mit einem Bettler teilen.

Das Männlein nickte und gebot den beiden, ihm zu folgen. Alles wiederholte sich genauso, wie es der Bauer erlebt hatte. Vor dem Schatz angekommen, raunte der Ritter dem Abt zu, daß es doch viel praktischer sei, nicht die kleine, sondern gleich die große Truhe fortzuschaffen. Sie seien schließlich zu zweit und würden die Last schon zwingen.

Das Männlein vernahm die Worte und nickte wiederum. Dann mahnte es zur Eile. Schwitzend und schnaufend zerrten die beiden Männer die schwere Truhe durch den Gang bis vor den Felsen. Genau zur ersten Stunde standen sie wieder vor dem Berg, der sich donnernd hinter ihnen schloß. Im gleichen Augenblick verschwand das Männlein.

„Zuerst bringen wir die Truhe auf das andere Flußufer", schlug der Abt vor. „Dort bewacht sie einer von uns, und der andere holt ein Fuhrwerk. Danach teilen wir redlich!"

„Hoho", spottete der Ritter. „Und derweil stopft sich derjenige, der zurückbleibt, heimlich die Taschen voll?"

„Was denkt Ihr denn von mir!" gab der Abt empört zurück, der sich bei seinen geheimsten Gedanken ertappt wußte.

Zunächst schleppten sie die Truhe zum Fluß, wobei sie heftig darüber stritten, wie der Schatz weiter fortzubringen wäre.

Als sie aber mit der Truhe auf dem schmalen Steg waren, der über die rauschende Elster führte, brach dieser unter dem Gewicht krachend zusammen. Ritter, Abt und Truhe stürzten ins reißende Wasser. Mühsam retteten sich die beiden ans Ufer. Noch in der gleichen Stunde holten sie Mönche und Knechte herbei, die den Fluß nach der Truhe absuchen mußten. Sie fanden sie nur ein Stück abwärts, aber sie war leer - bis auf ein einziges Goldstück. Wegen dieses Goldstücks stritten sich Ritter und Abt so lange, bis sie alt und grau waren und in Feindschaft zueinander starben.

Das graue Männlein hat man seither nie mehr gesehen, und wer weiß, ob es jemals wieder erschienen ist. Besser ist es vielleicht auch, selbst Kopf und Hände zu rühren. Das bringt nämlich mehr Glück im Leben, als wenn man auf einen Schatz wartet, von dem man nicht einmal genau weiß, ob es ihn überhaupt noch gibt.

# Vom Katzenveit

Im Vogtland erzählt man sich von einem ebenso lustigen und gutmütigen Geist, wie es der berühmte Rübezahl aus dem Riesengebirge einer war. Im Vogtland nennt man ihn den Katzenveit. Sehr alte Leute erinnern sich noch daran, daß ihnen ihre Großmütter die Geschichte vom Katzenveit erzählt haben.

Der Katzenveit konnte sich in vielerlei Gestalt verwandeln. Er nahm besonders Leute aufs Korn, die mit falschen Reden und unlauteren Taten ihr eigenes Los aufzubessern suchten. Es wird berichtet, daß der Katzenveit im Kohlberg oder Kohlenberg, der einige Kilometer von Zwickau entfernt liegt, seine Behausung gehabt haben soll. Da man vorzeiten bei Zwickau Steinkohle fand, nimmt es nicht wunder, daß der Katzenveit meistens so schwarz aussah wie ein Bergmann, der unter Tage Kohle brechen mußte.

Seinen Namen hat der Katzenveit von einen Streich, den er einst den braven Bürgern einer winzigen Ackerbauernstadt spielte; der Name des Städtchens soll hier nicht genannt werden, weil sich die Heutigen ihrer geizigen Vorfahren noch immer schämen.

Zu der Zeit, als der Katzenveit umging, gab es in dem Städtchen eine große Mäuseplage. Die Mäuse zogen scharenweise durch alle Gassen und täglich versammelten sie sich auf dem Marktplatz, um sich laut piepsend darüber zu einigen, welche Scheune an diesem Tag leergefressen werden sollte. Es waren so viele Mäuse, daß sich die Katzen weigerten, weiter auf Jagd zu gehen. Lieber tranken sie Milch. Und ohnehin war ihnen Mäusefleisch über.

In dieser Not schickten die Bürger nach dem Katzenveit. Der kam auch bald. Der Bürgermeister schilderte ihm in bewegenden Worten die Lage und versprach ihm einen großen Beutel Goldstücke, wenn er die Stadt nur endlich von der Mäuseplage befreite. Der Katzenveit willigte ein. Solchen Lohn brauchte er, denn oft legte er des Nachts bei armen und schuldlos in Not geratenen Leuten ein Goldstück auf die Fensterbank.

Als sich die Mäuse am anderen Morgen auf dem Markt versammelten, trat der Katzenveit tapfer zwischen sie und zog seine Fiedel hervor. Sogleich spielte er ein Lied darauf, dessen Melodie die Bürger noch nie vernommen hatten.

Als aber die Mäuse die Fiedel hörten, sammelten sie sich zu einem wohlgeordneten Zug und liefen dem Spielmann brav hinterher. Der Katzenveit führte den Mäuseschwarm aus der Stadt und über die Wiesen bis an den Bach. Dort sprang er auf das jenseitige Ufer und fiedelte lustig weiter. Die Mäuse drängten sich nach der Musik. Sie hatten aber zu kurze Beine und konnten deswegen nicht über den Bach springen. So fielen sie allesamt ins Wasser und ertranken.

Als der Katzenveit in die Stadt zurückkehren wollte, um seinen Lohn zu empfangen, fand er das Tor verschlossen. Auf dem Torturm zeigte sich der Bürgermeister. Er rief dem Geist zu, daß die Bürger beschlossen hätten, für Zauberwerk und Teufelsspuk kein Geld auszugeben. Sie wollten vielmehr einen Dankgottesdienst abhalten. Der Veit sollte sich nur schnell davonscheren.

Das verdroß den Katzenveit über die Maßen. Daher holte er noch einmal seine Fiedel hervor und spielte eine klägliche Musik darauf. Nur den Katzen in der Stadt tönte sie so lieblich in den Ohren, daß sie sich allesamt, es waren sechshundertsechsundsechzig an der Zahl, auf die Stadtmauer setzten und andächtig zuhörten. Da ging der Katzenveit langsam davon. Die Katzen sprangen von der Mauer, liefen ihm hinterher und wurden nie wieder im Städtchen gesehen.

Als aber andere Mäuse erfuhren, daß es in der Stadt keine Katzen mehr gab, wurden sie mutig. Es dauerte nur ganze sieben Tage, da hatten die Bürger die gleiche Mäuseplage wie zuvor. Obwohl sie den Bürgermeister absetzten und auch überall im Land nach dem Katzenveit suchen ließen, dauerte es lange, bis sie der Plage endlich Herr wurden. Den Katzenveit hat man seither in dieser Gegend nicht mehr gesehen, aber seinen Namen, den er seit dieser Geschichte hatte, den behielt er.

Einmal begegnete der Katzenveit einem betrügerischen Handelsmann, der durch die Dörfer des Vogtlandes zog und die gutgläubigen Leute so lange beschwatzte, bis sie seinen unnützen Plunder kauften, anstatt ihr Geld für wichtigere Dinge auszugeben.

Das ärgerte den Katzenveit gewaltig. So ließ er sich von dem gerissenen Händler alles zeigen, was dieser bei sich führte und versprach, alles zu kaufen. Dabei befühlte der Katzenveit jedes Stück, schnalzte auch ab und zu anerkennend mit der Zunge, tadelte und spottete, wenn der Händler einen gepfefferten Preis nannte.

Den gierigen Handelsmann blendete die Aussicht auf ein gewinnbringendes Geschäft. Er war deshalb einverstanden, daß der Katzenveit nur schnell sein Geld holen wollte. Gleich darauf verschwand der Geist. Plötzlich stand hinter dem Händler ein Schandpfahl, aus dem Stricke wuchsen, die den Mann fest an den Pfahl fesselten. Zugleich verwandelte sich sein gesamter Kram in Sackbänder, Stricke, Peitschenschnüre und Bindfäden. Ehe sich der Händler versah, war er vom Krämer zum Seiler geworden, und ein winziger hölzerner Galgen baumelte gar an einer Schnur um seinen Hals. Viele Stunden später kamen Bauern vorüber, die den Händler aus seiner mißlichen Lage befreiten, zugleich aber auch begriffen, welcher Art dieser Kaufmann ist. Sie jagten ihn mit Schimpf und Schande davon, rieten ihm auch, sich nie wieder im Vogtland blicken zu lassen, wenn er nicht ungeheuere Prügel ernten wollte.

Es gab einmal einen reichen Bauern, der war seines Geizes wegen verrufen. Er beschäftigte sich auch mit Bienenzucht, wogegen nichts einzuwenden gewesen wäre, aber dieser Bauer stahl den Nachbarn zur Schwarmzeit die Bienenvölker und gab sie hernach als die eigenen aus.

Das erfuhr der Katzenveit. Er beschloß, dem Geizkragen eine gehörige Lehre zu erteilen. Er hängte sich in Gestalt eines Bienenschwarmes an einen Baum im Garten des Bauern. Der entdeckte bald den vermeintlichen Zuflug und beeilte sich, den neuen Schwarm in einen Korb zu bringen. Den Korb schaffte er schnell ins Bienenhaus.

Am Abend wollte er nachsehen, ob sich der Schwarm schon gesetzt und beruhigt hatte. Kaum hatte er jedoch den Korb geöffnet, als er anstatt der Bienen eine Eule darin erblickte. Sie schlug heftig mit den Flügeln um sich und schleuderte dem Bauern Dreck und Späne und altes Bienenwachs in die Augen. Zugleich summten dreihundertdreiunddreißig Wespen um den Bauern, und manche stachen ihn auch. Laut schreiend rannte er zum Dorfteich, sprang hinein und tauchte unter, um sich vor den wütenden Insekten zu retten. Die anderen Bauern, die den Geizkragen bis zur Nasenspitze im Dorfteich sitzen sahen, lachten aus vollem Halse. Der Katzenveit, der sich zuerst vom Bienenschwarm in eine Eule und dann in ein Wespenvolk verwandelt hatte, nahm nun seine richtige Gestalt wieder an. Er verteilte alle Bienenstöcke, die er bei dem diebischen Reichen fand, an redliche Imker, die als gute Bienenväter bekannt waren.

Den Geizhals hat dies alles aber so sehr verdrossen, daß er seinen Hof verkaufte und sich davonmachte. Vielleicht hoffte er auch, dem Katzenveit auf diese Weise zu entgehen.

Der Katzenveit war dem Wald sehr zugetan. Er hegte und pflegte die Bäume und achtete darauf, daß ihnen niemand schadete. Er sorgte dafür, daß Pilze, Beeren und Reisig vor allem den armen Leuten zukamen. Wenn die Herren durch den Wald ritten, um sich ihre Forsten zu besehen, dann hing das Reisig immer hoch oben in den Bäumen, die Beeren und Pilze verschwanden im Moos. Alles tauchte erst wieder auf, wenn die Kinder der armen Häusler kamen, um danach zu suchen. Daß sie mit vollen Krügen und Körben heimwärts wanderten, dafür sorgte der Katzenveit also auch.

Einmal gab es einen Bierbrauer, der wollte mit seinen Freunden das Pfingstfest feiern. Er ging in den Wald und schlug die jungen, grünen Birken ab, die der Katzenveit besonders gehegt hatte.

Der Brauer trug die Birken in seinen Hausgarten und errichtete dort eine Laubhütte. In die stellte er Bänke und Tische und in die Mitte das dickbauchige Bierfaß. Die Freunde kamen und setzten sich um das Faß. Sie begannen zu trinken und grobe Späße zu erzählen. Als sie dem Gerstensaft über die Maßen zugesprochen hatten, lärmten sie so laut, daß niemand in der Nachbarschaft schlafen konnte.

Zu dieser Zeit begann der Katzenveit mit seinen Späßen. In den Birkenreisern schrie der Kuckuck. Ein Storch klapperte. Finken, Meisen, Eichelhäher und Bussarde flatterten in der Hütte umher. Die größeren Vögel trugen Birkenruten in den Schnäbeln. Damit schlugen und peitschten sie die Saufkumpane, daß denen Hören und Sehen verging.

Entsetzt sausten die aus der Hütte und verkrochen sich im Haus des Bierbrauers, um dort das Ende des unheimlichen Spuks abzuwarten. Als sie vorsichtig aus dem Fenster lugten, sahen sie staunend, daß sich die Birken in wunderschöne Mädchen verwandelt hatten und einen lustigen Reigen um das Bierfaß aufführten. Da faßten die Trinker neuen Mut und traten aus dem Haus. Sie sprangen zu den Mädchen, nahmen sie bei den Händen und begannen, mit ihnen zu tanzen.

Aber welch ein Graus! Den Mädchen wuchsen Teufelsklauen an den Händen! Sie packten die Männer damit so fest, daß die nicht mehr davonlaufen konnten. Auch die Gesichter der Mädchen verwandelten sich. Wo erst freundliche Anmut gelächelt hatte, grinsten nun häßliche Hexenfratzen. Zu allem Spuk ertönte eine schrille, zauberische Musik und zwang die Paare zum Tanz. Immer schneller drehten die Zauberwesen die Saufbrüder im Kreise, daß ihnen die Sinne vergingen. Als sich der erste Sonnenstrahl zeigte, sanken sie wie tot zu Boden.

Mit einem Husch verschwand der Spuk. Die unfreiwilligen Tänzer erholten sich langsam. Lauthals verwünschten sie den Bierbrauer und schworen sich, nie wieder ein solches Pfingstfest zu feiern. Und der Bierbrauer hütete sich fortan, im Wald junge Birken zu schlagen.

Der Katzenveit ist seit langer Zeit nicht mehr gesehen worden. Und wenn es nicht die Erzählungen der alten Leute gäbe, wüßte niemand mehr von ihm.

H.Vogel.pl. 26/1.94.

# Vom Klappermann zu Thierbach

Vor vielen, vielen Jahren gab es auf den Friedhöfen sogenannte Beinhäuser. Darin wurden die Gebeine der Toten aufbewahrt.

Im Beinhaus zu Thierbach bei Pausa im Vogtland stand ein noch vollständiges Gerippe in einer Mauernische. Keiner wußte zu sagen, wie alt es war. Immer wenn die Frühjahrs- oder Herbststürme über Berg und Tal fegten, klapperten die Glieder des Gerippes auf schauerliche Weise. Deshalb nannte man das Gerippe auch „Klappermann". Merkwürdigerweise zerbrachen die Knochen nicht, als hielte sie eine geheimnisvolle Kraft zusammen. Man konnte sie nicht einmal mit Gewalt voneinander trennen. Die Glieder ließen sich bewegen, wie sie wohl einst der lebendige Mensch bewegt hatte. Kein Anzeichen von Zerfall oder Vergehen war zu bemerken. Auch Gelehrte, die den Klappermann untersuchten, konnten den einmaligen Zustand des Gerippes nicht erklären. Kein Thierbacher traute sich bei Nacht am Friedhof vorbei. Es konnte ja sein, daß das Gerippe plötzlich hervortrat und Unheil anrichtete.

Damals war es zur Herbstzeit Sitte, daß sich die Jugend des Dorfes zusammenfand, um die langen, dunklen Abendstunden gemeinsam zu verbringen. Die Mädchen saßen an den Spinnrädern, und die Burschen erdachten sich Lieder und Scherze. Ab und zu wurde auch ein Spiel getrieben, bei dem es Pfänder auszulösen gab.

An einen solchen Herbstabend trafen sich die Burschen und Mädchen im Haus des Kantors, der damals zugleich Lehrer und Organist von Thierbach war. Dicht am Ofen, der wohlige Wärme ausstrahlte, saß die fast hundert Jahre alte Urgroßmutter in einer Ecke. Wenn sie nicht vor sich hin schlummerte, lauschte sie lächelnd den Gesprächen der Jungen. Hin und wieder erinnerte sie sich längst zurückliegender Ereignisse, von denen sie dann bedächtig erzählte.

Die jungen Leute bildeten dann einen Kreis um die alte Frau und hörten ihr gespannt zu. Da war die Rede vom wilden Holk, einem General Wallensteins, der das Vogtland im Dreißigjährigen Krieg sehr geschunden hatte. Die Urgroßmutter berichtete auch von der Pest, von Feuersbrünsten und von Hochwassern. In vielen ihrer Erzählungen spielten die Not und Bedrängnis der einfachen Menschen eine Rolle.

An einem Abend wurde die Urgroßmutter zu einer Nachbarin gerufen, deren Kind hohes Fieber hatte. Jeder wußte, daß die Alte erfahren in der Heilkunde war und viele Arzneien kannte. Sie machte sich auch sogleich auf den Weg. Das Angebot der Jungen, sie zu begleiten, wehrte sie ab. Ihr würde schon niemand etwas tun, sagte sie und ging. Die Jugend war unter sich.

Einer der Jungen kam auf den Gedanken, ein Pfänderspiel zu veranstalten. Es dauerte auch nicht lange, so waren schon eine Menge Pfänder zusammen, Broschen, Ringe, Tücher, Tabaksbeutel, sogar Feuerzeuge. Bei dem Spaß, den das Auslosen der Pfänder bereitete, verging die Zeit wie im Flug. Ein Bursche mußte „Heu einfahren", ein Mädchen „Speck schneiden", ein anderes ein Lied erraten. Ein Bursche, der eine rauhe Stimme besaß, sollte gar eines singen.

Nun kam ein Bursche an die Reihe, der wegen seines großen Mundes und wegen seiner Aufschneiderei bekannt war. Als es darum ging, die Auslösung seines Pfandes zu bestimmen, steckten die übrigen

Burschen die Köpfe zusammen und tuschelten eifrig. „Du sollst den Klappermann hierher bringen!" verkündete schließlich einer laut.

Die Mädchen kreischten entsetzt und schüttelten ängstlich mit den Köpfen. „Das traut der sich nicht!" sagte eine in die Stille hinein.

Der Bursche reckte sich. „Was gilt die Wette?" fragte er herausfordernd.

„Um den Klappermann darf man nicht wetten", gab ein Mädchen zurück. „Aber du traust dich sowieso nicht, Großmaul!"

„Ihr werdet es sehen", rief der Bursche trotzig, und schon verließ er die Stube.

Alle drängten sich ans Fenster, um hinüber zum Friedhof und zum Beinhaus sehen. „Hei, wie er rennt!" rief einer spottend.

„Er öffnet das Friedhofstor!" flüsterte ein Mädchen entsetzt.

Und nun schwirrten die Stimmen durcheinander. „Er geht ins Beinhäusel!" - „Wo er nur bleibt?" - „Es wird ihm doch nichts geschehen?" - „Da, seht, er kommt zurück. Er trägt etwas!" - „Hu, schaut nur, er trägt den Klappermann!" - „Herrgott, der hat wirklich keine Angst!"

Da hörten sie schon das Klappern der Knochen im Hausflur. Augenblicke später öffnete der Bursche die Tür und trat mit seiner schaurigen Last ein. Entsetzt und verängstigt wichen die Mädchen zurück. Sogar den Burschen verschlug es Atem und Sprache.

„Hier habt ihr den Kerl!" sprach der Bursche und lehnte das Gerippe neben der Tür an die Wand. „Na, habe ich gewonnen? Und für einen Kuß von der Kantorstochter bringe ich ihn auch wieder zurück!"

Plötzlich ging draußen die Haustür.

„Um Gottes willen", sagte die Tochter des Kantors erschrocken, „die Urgroßmutter kommt zurück. Wohin mit dem Klappermann?"

Bevor man jedoch das Gerippe verstecken konnte, trat die alte Frau bereits in die Stube.

„Ihr seid ja so still", sagte sie. „Ihr werdet euch doch ohne mich nicht gefürchtet haben?"

Wortlos schüttelten einige den Kopf, ein Mädchen deutete zu der Wand neben der Tür. Die Urgroßmutter drehte sich um, aber gleich wurde ihr immer fröhliches Gesicht totenbleich. Abwehrend hob sie die Hände gegen das Gerippe. Mit unsicheren Schritten tappte sie rückwärts, bis sie ihren Lehnstuhl erreichte. Zitternd sank sie darauf nieder und versuchte, etwas zu sagen. Aber die Lippen versagten ihr den Dienst. Betreten sahen sich die Jungen an. Mit diesem Spaß waren sie wohl zu weit gegangen.

„Wir wollten dich nicht erschrecken, Urgroßmutter", sagte die Kantorstochter. „Es war doch ein Spaß vom Pfänderspiel. Es ist ja auch nur der Klappermann."

„Laßt die Toten ruhen", sagte die Greisin, dabei liefen ihr Tränen über die Wangen. „Bringt ihn dorthin, woher ihr ihn geholt habt, auf der Stelle!"

Der Bursche, der den Klappermann geholt hatte, schaffte ihn auch wieder fort. Als er zurück war, hatte sich die Urgroßmutter etwas gefaßt. Sie winkte den Mädchen und Burschen, sich um sie zu scharen und ihr zuzuhören.

„Genau seit zehn mal sieben Jahren steht der Klappermann im Beinhaus", erzählte sie. „Ich habe ihn gekannt, als er noch lebte. Er hieß Georg und war ein schöner und kräftiger Bursche, nach dem sich alle Mädchen umdrehten. Sein Vater war der reichste Bauer hier. Georg liebte ein Mädchen, das arm, aber gut und von schöner Gestalt war. Mit diesem Mädchen hatte er auch ein Kind.

Die Holkschen hatten den Vater des Mädchens an den Bettelstab gebracht. Der Vater von Georg wollte nicht, daß sein Sohn ein Bettelmädchen zur Frau nähme. Er setzte es durch, daß Georg eine reiche Bauerntochter aus dem Nachbardorf zur Frau nahm. Das Kind, das das arme Mädchen von ihm hatte, vergaß er bald. Wenn er Mutter und Kind begegnete, schaute er beiseite, als würde er sie nicht kennen. So vergingen einige Jahre. Dann begann ihn wohl doch das Gewissen zu zwicken. Er fing zu trinken an. Binnen kurzer Zeit war der Hof hoch verschuldet, und bald darauf starb Georg in Armut. Man bahrte ihn trotzdem auf, aber über Nacht zerfiel er bis auf die Knochen, und die blieben, wie ihr sie vorhin gesehen habt. Seitdem steht er so und nicht anders im Beinhaus."

Die Urgroßmutter brach ihren Bericht ab. Sie blickte traurig und nachdenklich vor sich hin.

„Wir alle gehen jetzt hinüber ins Beinhaus und bitten den Klappermann um Vergebung für den Frevel, den wir ihm angetan haben!" sagte die Kantorstochter leise. Alle stimmten zu, um die Urgroßmutter wieder zu versöhnen. Die aber schüttelte den Kopf.

„Das wird nichts helfen", murmelte sie. „Der Klappermann wird erst Ruhe finden, wenn der Mensch ihm verzeiht, dem er damals das Leid angetan hat."

„Aber das Mädchen wird doch schon längst auf dem Friedhof liegen", bemerkte ein Bursche. „So wird der Klappermann wohl nie Vergebung erhalten!"

Die Urgroßmutter wiegte bedachtsam den Kopf. „Ihr müßt wissen", sagte sie sehr leise, „das Mädchen hat sich damals mit dem Kind recht und schlecht durchgeschlagen. Jeder wußte um die Sache, und viele halfen. So wurde die Tochter des Mädchens ein guter Mensch.

Wir haben sie voriges Jahr begraben. Sie war meine Tochter - deine Großmutter also, Mädchen!“

Damit nickte sie der Kantorstochter zu. Die senkte den Blick, und alle anderen schwiegen.

„Die lange Zeit hat mich still gemacht“, fuhr die Urgroßmutter mit festerer Stimme fort. „Ich hätte Georg damals fester halten sollen und stark machen müssen gegen seinen harten Vater. Weil ich aber

zuerst an mein Kind dachte, verschloß ich mich im Haß. Der ist erloschen, lange schon, und auch ich werde nicht mehr allzulange zu leben haben." Mühsam erhob sich die Urgroßmutter und trat ans Fenster. Sie öffnete es, und da es eben windstill war, drang ihre Stimme bis hinüber zum Beinhaus. „Georg", rief sie, „ich vergebe dir. Weil ich in Frieden ruhen will, sollst du es auch!"

Besorgt scharten sich die Mädchen um sie. Die Burschen eilten zum Beinhaus, um den Klappermann um Verzeihung zu bitten. Nach kurzer Zeit kamen sie aufgeregt zurück. „Der Klappermann ist nicht mehr da", sagten sie ratlos. „Nur noch ein Häuflein Asche liegt dort, wo er gestanden hat!"

„So hat er seinen Frieden. Nun kann auch ich getrost zur langen Ruhe gehen", murmelte die Urgroßmutter. Dann legte sie den Kopf auf die Seite. Die Jungen glaubten, sie wäre eingeschlafen und gingen leise hinaus, um den Schlummer nicht zu stören.

Die Greisin war auch eingeschlafen, aber für immer, und die Leute legten ihr die Asche des Klappermanns mit ins Grab.

1900

# Vom Martin Pumphut

In jedem Land hat es immer auch einen Eulenspiegel gegeben, in manchen sogar mehrere. Der närrische Geselle, der im Vogtland gut bekannt war, hieß Martin Pumphut. Er kam in einer Wassermühle zur Welt. Und wenn man auch das Jahr seiner Geburt nicht genau kennt, so weiß man doch, daß er gleich nach seiner Geburt auf unerklärliche Weise aus seiner Wiege verschwand. Statt seiner fanden die erschrockenen Eltern in den Kissen eine winzige Blindschleiche, die alsbald aus der Wiege schnellte und den Eltern bedeutete, ihr zu folgen. Sie fanden Martin am Mühlbach sitzend und damit beschäftigt, Fröschen das Springen über Grashalme zu lehren.

Als er sechs Jahre wurde, sagten ihm weise Frauen ein langes und lustiges Leben voraus. Er würde zwar nie sehr reich sein, aber den Menschen viel Freude bringen: Gerechtigkeit den Armen, Schabernack und Spott den Reichen. Das gefiel dem Martin wohl. Er zog in die weite Welt. Bald rühmte man bis weit in die Lausitz hinüber seine Klugheit und lachte über seine Streiche.

Martin erlernte das Müllerhandwerk. Weil er tüchtig und gewissenhaft war, kam er in seinen Wanderjahren weit herum.

Er trug einen merkwürdigen Hut. Der war sehr hoch und spitz und besaß eine ungewöhnliche, breite Krempe. Diesem Hut sagte das Volk zauberische Kräfte nach. Weil derlei Hüte von den Pumpenbauern getragen wurden, so nannte man den jungen Müller Martin Pumphut.

Nur er allein hätte verraten können, woher er die Kräfte nahm, die ihm Macht verliehen über Wasser und Getier und Menschen. Einige Leute sagten, er hätte sich mit dem Wilden Jäger verbündet. Andere behaupteten, Martin Pumphut habe einen Pakt mit der Winselmutter.

Wiederum andere schworen darauf, er sei immer nur gut zu den Holzmännlein gewesen. Aber vielleicht nahm er die Kraft aus sich selbst? Jedenfalls soll er ein fröhlicher Mensch gewesen sein, klug und begabt außerdem.

Einst kam Martin Pumphut auf seinen Wanderungen zu einem abgelegenen Bauernhof bei Wallengrün. Die Familie des Bauern saß um den Tisch, als Pumphut die Tür auftat und einen guten Tag und eine gesegnete Mahlzeit wünschte.

Die Bauersleute hießen den Gast willkommen und luden ihn ein mitzuessen, was Martin gerne annahm. Es gab vogtländische Klöße, und die waren Martins Lieblingsspeise.

Die Bäuerin legte ihm einen schönen großen Kloß vor. Martin gedachte aber, noch mehrere zu essen. So machte er es, daß der Kloß, der auf dem Teller des Bauern lag, steinhart wurde. Als der Hausherr den Kloß anschneiden wollte, glitt dieser unter dem Messer weg, rutschte über den Teller und sauste wie eine Kanonenkugel durch die Küche. Er schlug ein Loch in die Tür, fuhr in den Stall nebenan und spießte sich am Horn eines alten Ochsen auf.

Die Bauersleute sperrten Mund und Nase auf. Dann sprangen sie vom Tisch auf, um dem Kloß hinterherzulaufen. Martin nutzte die Gelegenheit, um sich mit Klößen vollzustopfen. Als der Bauer mit den Seinen zurückkehrte, erblickte er die leere Schüssel. Ärgerlich fuhr er den Pumphut an: „Das heiße ich die Gastfreundschaft ausnutzen! Im Vertilgen von Klößen bist du stark. Hättest lieber die Fliegen hinausgeschafft! Aber dafür reicht deine Kraft nicht, was?"

In der Tat summten und schwirrten in der Küche so viele Fliegen herum, daß man kaum die Hand vor Augen sehen konnte. Pumphut, der sich seines übergroßen Kloßappetits wegen schämte, nahm jetzt seinen Hut ab und machte mit dessen Spitze ein Zeichen auf dem Tisch. Mit einem Mal war nicht nur die Schüssel wieder mit Klößen gefüllt, sondern es stand auch ein leckerer Gänsebraten auf dem Tisch. Es duftete verführerisch in der Küche.

„Die Fliegen? Jagt sie doch zur Tür hinaus!" empfahl Pumphut den verdutzten und staunenden Bauersleuten.

„Wenn sie sich nur hinausjagen ließen und dann auch draußen blieben!" jammerte die Bäuerin.

„Nun, so wartet es ab!" sagte Pumphut. Dann nahm er seinen Hut, legte ihn neben die Kloßschüssel auf den Tisch und gebot allen Fliegen, in den Hut zu kriechen.

O Wunder! Alle Fliegen sammelten sich in dem Hut. Es sah aus, als hätte sich ein Bienenschwarm darin niedergelassen.

„Na, seht Ihr wohl!" brummte Martin zufrieden. „Hütet Euch aber, die Fliegen wieder hereinzulassen." Damit hob er den Hut mit dem Fliegenschwarm auf und trug ihn durch die Haustür hinaus auf den Misthaufen, wo er die Fliegen ausschüttete. „Solange Ihr die Haustür gut geschlossen haltet, werden sie nicht wiederkommen, einen anderen Weg kennen sie nämlich nicht!" rief er den Bauersleuten zu, schwenkte seinen Wunderhut und zog fröhlich pfeifend davon.

Ein paar Tage ging alles gut, die Leute benutzten die Stalltür, um ins Haus und nach draußen zu gelangen. Aber dann vergaß das kleinste Kind das Gebot des Pumphuts und ließ die Haustür weit offen.

Seitdem saßen die Fliegen wieder in der Küche, und keiner vermochte es, sie noch einmal hinauszutreiben.

Martin Pumphut wanderte den Bächen entlang, von Mühle zu Mühle. Wo es ihm gefiel, blieb er eine Weile. Jedermann schätzte seinen klugen Rat und seine weisen Sprüche. Aber wehe, einer verstellte sich vor Pumphut, tat gütig, und war doch voller Geiz und Habsucht! Martin konnte recht harte Lehren erteilen.

Eines Tages kam er hinter Oelsnitz das Schafbachtal hinauf. Weil es ein heißer, sonniger Tag war und der Weg lang und steinig, hatte Pumphut bald großen Hunger und Durst.

Endlich kam er an die Burkhardtsmühle. Die stand dort, wo sich heute die weite Wasserfläche der Talsperre Dröda ausbreitet. Bei der Mühle war gerade viel Volk versammelt, denn der Müller wollte ein neues Rad einheben lassen, und so etwas wurde immer fröhlich gefeiert. Bauern, Müller und Handwerker hatten es sich auf den langen Bänken im Garten der Mühle bequem gemacht. Auf den Tischen standen mächtige Humpen mit gutem Bier und Schüsseln mit weißem Brot und Schinken und Würsten, so daß jedem das Wasser im Munde zusammenlief.

Martin Pumphut verwandelte sich in einen alten Mühlknappen und betrat den Garten. Der Burckhardtsmüller, der im Grunde seines Herzens geizig war und deshalb nur seinesgleichen zu dem Fest geladen hatte, verwies den ärmlich aussehenden Mühlknappen in eine abgelegene Ecke des Gartens. Dort hatten sich auch die Knechte und Mägde der Mühle niedergelassen.

Es dauerte sehr lange, bis die Frau des Müllers dem Pumphut ein Glas minderen Branntwein, ein Stück hartes Brot und eine alte Käserinde brachte. Mit barschen Worten gebot sie ihm weiterzuziehen, sobald er aufgegessen habe.

Inzwischen wußte Pumphut aus den Gesprächen der Knechte und Mägde, welchen Sinnes der Müller war. Nachdem er die karge Mahlzeit verzehrt hatte, stand er auf, ging aus dem Garten und um die Mühle herum, bis er vor dem blumengeschmückten neuen Mühlrad stand. Mit seinem Hut strich Pumphut dreimal über die Radwelle, kicherte leise und entfernte sich.

Gleich darauf rief der Müller die Knechte zusammen. Die gesamte Gesellschaft begab sich zum Mühlrad. Doch was war das? Die mächtige Welle war um drei Ellen zu kurz! Sosehr man das Rad auch drehte und wendete, die Welle wurde nicht länger.

Wütend schrie der Müller den Zimmermeister an, beschuldigte ihn, das Rad falsch ausgemessen zu haben. Der Zimmermann verteidigte sich barsch, der Müller selbst habe ihm die Maße gegeben. Es müsse eben ein neues Rad gebaut werden.

Da schimpften die reichen Bauern. Sie hatten das Holz beigesteuert. Für ein neues Rad wollten sie nichts mehr spenden. Ein Wort gab das andere. Bald entbrannte zwischen den Reichen eine wilde Prügelei. Die Knechte und Mägde sahen mit Schadenfreude zu.

Endlich besann sich der Zimmermann. Es gelang ihm, Ruhe zu schaffen. „Hier kann nur Zauberei im Spiel sein!“ rief er. „Mit rechten Dingen geht das nicht zu!“

„Nur einen gibt es, der so etwas vermag. Das ist der Pumphut!“ meinte der Müller, und er fragte, ob jemand den Schwarzkünstler gesehen hätte. Keiner konnte sich erinnern, bis die Müllerin sagte, in der Ecke des Gartens hätte vorhin ein Bettler gesessen, der einen ungeheuer spitzen Hut trug.

„Das war der Pumphut!" rief der Zimmermeister. „Den schafft herbei, nur der kann helfen!"

Man schickte eine Magd aus. Sie kam bald zurück und berichtete, der Mühlknappe säße eine Viertelstunde weiter aufwärts am Bachufer und ließe sich von den Grillen etwas vorgeigen. „Er hat gesagt, wer mich bewirtet hat, der soll mich auch selbst einladen!" schloß die Magd den Bericht.

Alle blickten zur Müllerin. Schamrot und wütend zugleich machte sie sich auf den Weg. Sie traf den Pumphut noch an der gleichen Stelle, und nachdem sie sich mühsam entschuldigt und ihm auch ein gutes Mahl versprochen hatte, erklärte sich Martin Pumphut bereit, noch einmal zur Mühle zurückzukommen.

Schmunzelnd sah er die blauen Flecken und blutigen Nasen, die die Reichen zur Schau trugen. Dann forderte er vom Müller, daß alle Knechte, die das Rad einheben mußten, und auch die Mägde, an der großen Tafel Platz nehmen sollten. Er selbst wolle auch daran sitzen.

Die Bauern und Müllersleute mußten die Knechte, die Mägde und den Pumphut bedienen. Als sie gegessen und getrunken hatten, erhob sich Pumphut und ging zum Rad. Alle folgten ihm. Dreimal strich Martin mit seinem Hut über die Welle. Mit einem Mal sprang das Rad von selbst ins Lager, und dort saß es auf Daumenbreite genau.

„Für dieses Mal laßt Euch das zur Lehre dienen", sagte Martin Pumphut den Müllersleuten. „Beim nächsten Mal wird es übler für Euch ausgehen!"

Damit sprang er über den Bach und verschwand gleich darauf im Wald, noch ehe sich die Müllersleute und ihre Gäste von ihrem Staunen erholt hatten. In Zukunft aber bewirteten sie jeden reisenden Müllerburschen so, wie es sich gehörte.

Martin Pumphut wanderte noch lange durch die Lande, und überall, vom Vogtland bis zur Lausitz, erzählte man von ihm - bis er eines Tages verschwand. Wohin? Wer weiß? Vielleicht ist auch das nur einer seiner Späße.

H.V.96.

# Von den Lindwürmern bei Syrau und Kürbitz

Wenige Kilometer westlich von Plauen liegt das Dorf Syrau. Dort befindet sich eine Tropfsteinhöhle, die erst 1928 bei Steinbrucharbeiten entdeckt wurde. Man nennt sie „Drachenhöhle".

Auf der Höhe nördlich des Dorfes steht weithin sichtbar eine Windmühle. Es ist die letzte vollständig erhaltene steinerne Turmdrehmühle des Vogtlandes.

Der Name „Drachenhöhle" führt in eine Zeit zurück, als in dem finsteren Wald, der einst das Dorf umgab, ein schrecklicher Drache, auch Lindwurm genannt, hauste. Vom Kopf bis zum Schwanz war dieses Untier mit einer undurchdringlichen Hornhaut bewachsen. Es war stark und wild und vor allem schrecklich gefräßig. Niemand traute sich auch nur in die Nähe des Waldes, wo der Drache seinen Schlupfwinkel hatte. Wer immer sich dorthin verirrte, wurde zur Beute des grausigen Tieres. Der Lindwurm betäubte die Opfer mit seinem feurigen Atem und verschlang die Unglücklichen dann. Danach herrschte einige Tage Ruhe im Wald. Doch der Hunger trieb das Tier zu neuen Untaten. Zuletzt kam der Lindwurm bis in das Dorf Syrau. Hier legte er sich mitten auf den Anger auf die Lauer, um neue Opfer zu überwältigen.

Da die Not immer größer wurde, berieten sich die Bewohner von Syrau, wie dem Elend abzuhelfen wäre. Sie baten Ritter und andere Bewaffnete, ihnen aus der schlimmen Lage zu helfen. Da aber in dem armen Dörfchen außer Hunger nichts zu holen war, ernteten die

Waldbauern nur Hohn und Spott. Sie sollten sich selbst des Ungeheuers entledigen, riet man ihnen.

So einigten sich die Bauern zunächst, reihum jede Woche dem Lindwurm ein Rind oder ein paar Schafe oder Ziegen zu geben, um damit seinen unersättlichen Hunger zu stillen. Das ging solange gut, bis der Lindwurm alles Vieh aufgefressen hatte.

Wie sollte es nur weitergehen? Schon lauerte der Drachen wieder im Dorf, und niemand traute sich nur einen Schritt vor das Hoftor. Als sich das Untier am Abend zurückzog, kamen die Bauern zusammen und beschlossen, daß jeder von ihnen, Männer wie Frauen, der Reihe nach in den Wald gehen sollten. Entweder gelang es einem, den Lindwurm zu töten - oder er fiel dem Ungeheuer selbst zum Opfer, rettete aber damit eine Zeitlang das Leben der anderen Dorfbewohner.

Obwohl alle zugestimmt hatten, wollte niemand den Anfang machen. So beschlossen die Bauern, das Los entscheiden zu lassen.

Nun lebte in Syrau ein junges Mädchen, das alle seiner Hilfsbereitschaft und Bescheidenheit wegen herzlich gern hatten. Dieses Mädchen war das einzige Kind der Müllersleute. Jeder im Dorf weinte und wehklagte, weil das Los eben dieses Mädchen zum ersten Waldgang bestimmt hatte.

Am schlimmsten war es natürlich für die armen Eltern, die vor Jammer und Schmerz nicht mehr aus noch ein wußten.

Beim Müller arbeitete ein Bursche, der erst kürzlich zugewandert war. Auch ihn hatte jeder im Dorf gern, denn er besaß ein fröhliches Gemüt und ein tapferes Herz.

Dieser Mühlknappe besann sich nicht lange, als er erfuhr, worum es ging. Er trat vor die Bauern und sprach: „Laßt das Weinen und

Wehklagen! Ich werde morgen früh anstelle der Müllerstochter in den Wald gehen und alle Kraft zusammennehmen, um den Lindwurm zu besiegen!"

Der Müllersbursche hatte nämlich das Mädchen liebgewonnen. Wenn sich der Müller auch einen anderen Schwiegersohn gewünscht hätte, so begriff er doch, daß die Liebe zwischen den beiden nicht zu zerstören war. Doch das Mädchen wollte nicht zulassen, daß sich der Bursche für sie opferte. Auch andere Leute rieten ihm ernstlich ab. Er sei fremd hier und zugewandert, so sei es auch nicht seine Sache, mit dem Ungeheuer fertig zu werden. Der Mühlknappe ließ sich von seinem Entschluß jedoch nicht abbringen.

Noch in der gleichen Nacht ließ er sich vom Schmied eine riesige Heugabel fertigen. Sie war dreimal größer als es normale Heugabeln sind. Und der Stiel gar! Er war so lang und dick wie ein Heubaum.

Als der Morgen graute, schulterte der Bursche die seltsame Waffe und verließ das Dorf. Bald erreichte er den Wald. Er war noch nicht lange darin gegangen, als ihm der Lindwurm fauchend und mit weit aufgerissenem Rachen entgegenschnob.

Der junge Müller postierte sich unter einem dicken, alten Eichenbaum, der seine mächtigen Äste schützend über ihn breitete. Der Lindwurm hob sich auf die Hintertatzen, um sich von oben auf den Burschen zu stürzen. Als sich aber der Rachen des Untiers über dem Mühlburschen befand, sprang der flink zur Seite. Der Lindwurm biß in seiner Gier in einen starken Ast, daß sich die scharfen, langen Zähne darin verhakten. Wütend zischte er und versuchte, sich zu befreien. Dabei wälzte er sich auf die Seite und wandte so seinen Leib, der weich und ungepanzert war, dem Burschen zu. Darauf hatte der nur gewartet! Mit beiden Händen packte er seine gewaltige Heugabel und stieß sie dem Drachen mit aller Kraft so tief in den Leib, daß die Zinken in das Herz drangen und schwarzes Blut in einem dicken, dampfenden Strom aus dem Rachen des Lindwurms hervorschoß.

Wenige Augenblicke später lag er leblos zu Füßen des mutigen Mühlknappen. Der Bursche war so stark, daß es ihn nur eine kleine Mühe kostete, sich das tote Ungeheuer auf den Rücken zu laden und bis in das Dorf zu tragen. Dort warf er es zu Boden.

Große Freude und Erleichterung ergriff alle Dorfbewohner. Die allergrößte Freude aber herrschte in der Mühle, denn noch am gleichen Tag gab der Müller seiner Tochter und dem Mühlknappen den Segen für die Hochzeit, die alsbald auch fröhlich gefeiert wurde.

Zum Andenken an die Tat des jungen Müllers wurde um das Jahr 1340 auf der Höhe, die jetzt die Windmühle trägt, eine Kapelle errichtet. Man hängte eine kleine Glocke in den Turm. Sie trug die Inschrift „hilf her got uns aus not". Viele Jahre später wurde die Kapelle während eines Krieges zerstört. Die neue Kirche erbaute man mitten im Dorf Syrau. Dort kann man die Lindwurmsage heute noch auf einem alten Gemälde bestaunen. Sogar die kleine Kapellenglocke, die man im Schutt der Kirche auf dem Windmühlenberg fand, hängt noch im Turm der neuen Syrauer Kirche.

Auch in dem Dorf Kürbitz, das zwischen Plauen und Oelsnitz im Elstertal liegt, erzählen ganz alte Leute noch heute den Kindern die Geschichte von einem Lindwurm, der dort vor langer Zeit sein Unwesen getrieben haben soll. Ähnlich wie in Syrau bedrohte das Ungeheuer auch in Kürbitz die Bauern.

Eines Tages zog ein Ritter aus dem Bayerischen durch das Tal. Als er von der Bedrängnis der Kürbitzer vernahm, beschloß er, ihnen zu helfen. Er war aber nicht nur sehr tapfer, sondern auch außerordentlich auf Ruhm und Geld versessen. So hoffte er, für den erlegten Lindwurm vom Grafen zu Plauen reich beschenkt zu werden. Deshalb versprach er den Bauern großzügig Hilfe.

Nachdem er sich eine Rüstung umgeschnallt und Schwert und Speer geschärft hatte, ritt er in den Wald, in dem sich der Lindwurm aufhalten sollte. Das Untier witterte den Ankömmling und stürzte sich fauchend und zischend auf Pferd und Reiter.

Der Ritter sprang behende vom Roß. Der Lindwurm fiel über das Pferd her und riß es in Stücke. Dabei wandte er dem Ritter seine ungeschützte Bauchseite zu, und dieser stieß schnell mit dem langen, scharfen Schwert hinein. Schwarzes Blut schoß aus der Wunde. Der Lindwurm wälzte sich in Todeszuckungen auf dem Boden. Dabei schlug er wild mit dem Schweif um sich und traf dabei den Ritter, daß dieser erschlagen wurde und tot zu Boden fiel.

Weil sich nach dem fürchterlichen Getöse im Wald lange Zeit nichts mehr regte, machten sich ein paar beherzte Bauern auf den Weg dorthin. Sie fanden den Lindwurm und seinen Bezwinger tot nebeneinander auf der Erde liegen.

Die Leute im Dorf atmeten auf, weil sie von dem Ungeheuer befreit waren. Sie begruben den Ritter neben der Kirche und ließen einen prächtigen Grabstein anfertigen, auf dem die tapfere Tat in Bildern eingehauen war. Diesen Grabstein konnte man noch lange in Kürbitz bewundern. Mit der Zeit verwitterte er und verging wie die Lindwürmer. Seitdem hat man im Vogtland nie wieder solch ein Ungeheuer gesehen.

# Vom Schneckenstein

Inmitten der Bergwälder, die sich zwischen Mühlleithen und Muldenberg im oberen Vogtland erstrecken, erhebt sich auf einsamer Höhe der Schneckenstein. Er hat den Namen von seiner eigentümlichen Gestalt, denn sie erinnert an ein aufrecht stehendes Schneckenhaus. Im frühen Mittelalter entdeckten Bergleute, daß der Schneckenstein wertvolle Edelsteine, nämlich Topase, enthielt. Unter der strengen Aufsicht kurfürstlicher Bergvögte wurden sie abgebaut, anschließend nach Dresden in die Hofgoldschmiede gebracht. - Heute steht der Schneckenstein unter Naturschutz. Wer den Weg hinauf nicht scheut, hat eine herrliche Aussicht auf die Berge und Wälder ringsum.

In der Nähe des Schneckensteins entspringt auch die Zwickauer Mulde. Einst lebten in den Quellbächen der Mulde Nixen, die von der Nixenkönigin Mulda regiert wurden. Sie war eine gütige und freundliche Herrscherin.

Damals trieb aber auch der Wilde Jäger sein Unwesen dort. Oft vergnügte er sich damit, im Bergrevier Unordnung und Verwüstung zu stiften. Er fegte mit Sturmgebraus über die Baumwipfel, knickte uralte Eichen wie Strohhalme und warf Felsen umher. Rings um den Schneckenstein kann man heute noch sehen, wie der Wilde Jäger gehaust hat.

Eines Tages streifte er durch den Forst und geriet an den Lauf der oberen Mulde. Er bemerkte, daß sich die Nixen arglos im kristallklaren Wasser tummelten und einen fröhlichen Reigen tanzten. Da dem

Wilden Jäger alles, was gut und freundlich war, wider den Sinn ging, beschloß er, den Nixen Schaden zuzufügen, um ihr fröhliches Lachen in Weinen zu verwandeln.

Er rief ein Rudel wilder Sauen zusammen. Die wühlten im oberen Grund des Bachlaufes, bis das klare Wasser schmutzig und undurchsichtig wurde. Indessen jagten Wölfe, die der Wilde Jäger wie Hunde hielt, am Ufer hin und her, um den aufgeschreckten Nixen die Flucht zu verwehren. Schließlich stampfte der Wilde Jäger auf den Boden. Ein großes Loch tat sich auf. Das Wasser verschwand darin, und der Bach lag trocken. Der Wilde Jäger lachte schallend. Er befahl dem Sturm, gewaltig durch den Wald zu fahren und ihn zu verwüsten.

Der Wilde Jäger hatte aber nicht mit dem Mut der Nixenkönigin Mulda gerechnet. Er hatte auch außer Acht gelassen, daß das Wasser der Mulde mit besonderen Kräften ausgestattet war. Wenn der Wilde Jäger nämlich sein Pferd damit tränkte, wurde es unermeßlich stark.

Königin Mulda trat ihrem Feind furchtlos entgegen und sprach: „Wenn du uns nicht in Frieden läßt, so werde ich dafür Sorge tragen, daß unser Wasser seine Kraft verliert. Dann aber wird dein Roß nur noch ein armseliger Klepper sein!"

Der Wilde Jäger wußte, daß die Nixenkönigin hier größere Macht besaß als er, und da er ohne sein Pferd kraftlos war, fügte er sich zähneknirschend. Er pfiff Wölfe und Wildschweine zurück und verschloß das Loch, damit das Wasser wie zuvor zu Tal gehen konnte. Insgeheim schwor er aber Mulda und ihren Nixen Rache und wartete darauf, daß die Nixenkönigin einmal nicht zur Stelle wäre. Mulda war auf der Hut. Sie gebot ihren Schützlingen, sich in den schmalen, tiefen Felsspalten auf dem Grund des Baches zu verbergen, wenn sie selbst abwesend war, damit ihnen der Feind nichts antun konnte.

Als der letzte Schnee eines langen und harten Winters taute und sich der Frühling ankündigte, beschloß Mulda, eine Reise durch ihr Reich zu unternehmen. Sie schärfte den Nixen erneut ein, auf den Wilden Jäger achtzuhaben. Dann begab sie sich auf ihre Reise.

Kaum war sie aber fort, als die Nixen aus den benachbarten Bächen und Quellen herbeieilten, um ihre Freundinnen in der Mulde zu besuchen.

Der Frühling hatte alle Nixen übermütig gemacht. Sie tanzten und lachten und waren voller Freude. Dabei vergaßen sie, wachsam gegen den Wilden Jäger zu sein. Keine bemerkte, daß der mit seinem Gefolge aus dem Wald trat. Er stellte mit Genugtuung fest, daß die Königin nicht unter den tanzenden Nixen war. Er befahl seinem Troß, sich am Waldrand zu verbergen. Dann hob er die Hand und stieß einen gellenden Pfiff aus. Der Himmel verdunkelte sich. Donner rollte und Blitze zuckten. Tosender Sturm bog die Wipfel der Bäume bis zum Waldboden. Der Wilde Jäger stampfte mit dem Fuß auf die Erde. Da brach ein mächtiger Fels aus dem Berg hervor und erhob sich höher als die höchsten Baumspitzen. Gleich öffnete sich der Felsen an unzähligen Stellen, so daß er aussah wie eine Riesenbienenwabe.

Das Gefolge des Jägers verlegte den Nixen den Fluchtweg zum Wasser. Sie erinnerten sich ihrer Schlupfwinkel im Bachbett, aber als sie die Öffnung in dem Zauberfelsen entdeckten, flüchteten sie dorthin, um sich vor dem Bösen zu verstecken. Jede dieser Spalten war indes nur so groß, daß immer nur eine Nixe darin Platz fand. Als alle Nixen in den Spalten verschwunden waren, schlug der Wilde Jäger mit der Faust gegen den Riesenstein. Die Spalten und Löcher schlossen sich blitzschnell und hielten die Nixen gefangen. Ein weiteres Mal schlug der Jäger zu und schrie dazu einen Bannfluch.

Da verwandelten sich die Nixen in golden funkelnde Edelsteine. Der Wilde Jäger lachte boshaft. Endlich hatte er sich an der Königin Mulda gerächt. Er warf Felsen und Steine um den Schneckenstein, riß Bäume aus und machte damit einen gewaltigen Verhau, damit niemand an den verzauberten Platz gelangen könne. Dann zog er mit seinem Troß weiter. Noch lange war das Johlen seiner Leute, das Heulen der Wölfe und das Grunzen der wilden Sauen über den Bergwäldern vernehmbar.

Diesen ungeheuren Lärm vernahm auch Mulda. Schlimmes ahnend beeilte sie sich, nach Hause zu kommen. So sehr sie dann aber rief und suchte, sie fand ihre Kinder doch nicht. Endlich entdeckte sie den Schneckenstein. Im harten Fels sah sie es funkeln und schimmern, und es war, als weinte es leis im Inneren des Steins. Da wußte Mulda, daß der Wilde Jäger seine Hand im Spiel hatte. Und sie wußte auch, daß sie gegen dessen Zauber machtlos war. Tausend Jahre würde es dauern, ehe die Wasser der Bäche den Schneckenstein zu Fall bringen würden, und abermals tausend Jahre müßten vergehen, ehe der Fels von Wasser, Eis und Sonne so zermürbt wäre, daß er die verzauberten Nixen freigeben konnte.

Die Nixenkönigin war verzweifelt. Sie sprang nahe beim Schneckenstein in einen unergründlichen Felsspalt, den man noch heute „das schwarze Loch" nennt, und sie beschloß, erst ans Tageslicht zurückzukehren, wenn die Natur ihr Werk getan hatte.

Das Wasser der Mulde verlor von dieser Zeit an seine Wunderkraft. Und weil der Wilde Jäger sein Roß dort nicht mehr tränken konnte, kehrte er auch nie wieder an diesen Platz zurück.

Seitdem steht der Schneckenstein einsam auf seiner Höhe. Es gibt immer noch Nixen darin, die sehnsüchtig auf ihre Erlösung warten.

H. V. 1903

# Von der Winselmutter

Eins der merkwürdigsten Gespenster, das jemals im Vogtland gespukt hat, war die Winselmutter. Noch heute erzählt man sich in den Dörfern von ihr.

Der Winselmutter wird viel Böses nachgesagt, aber sie tat mitunter auch Gutes. Meist erschien sie, wenn Elend, Not und Tod anzuzeigen waren. Sie konnte sich in vielerlei Gestalt verwandeln: Manchmal kam sie als zahnloses altes Weib, ein anderes Mal trat sie als Händlerin mit Borten und Bändern in Erscheinung. Schauerlich aber war es, wenn sie sich in ein Kalb oder in ein schwarzes Schaf mit struppigem Fell und funkelnden roten Augen verwandelte.

Einmal wanderte ein armer Schneider von Elsterberg nach Plauen durch das Tal der Weißen Elster. Es war Herbst. In den kahlen Zweigen der Bäume rechts und links des Flusses hing düsterer, grauer Nebel. Der Schneider fror. Und da er den ganzen Tag nichts gegessen hatte, hungerte es ihn obendrein. Endlich gelangte er zu einem kleinen Bauerngut, das einsam im Tal stand. Die Bauersleute nahmen den halberfrorenen Schneider auf, obwohl sie selbst kaum etwas zu essen hatten. Kartoffeln und Quark reichten sie ihm. Das war so recht geeignet, dem Schneider die Lebensgeister zurückzugeben. Zum Dank für die Mahlzeit flickte er dem Bauern die Sonntagshose und der Frau den Kirchenrock.

Es wäre nur eine Meile bis Plauen, sagten die Bauersleute beim Abschied. In der Stadt würden sich bestimmt Arbeit und Platz in der Herberge finden.

Die Frau steckte dem Schneider, als er sich verabschiedete, noch einen Kanten Brot und einen Handkäse zu. Bald entschwand der Lochbauernhof - so heißt das Gut heute noch - hinter einer Flußbiegung seinen Blicken.

Wacker schritt der Schneider aus. Plötzlich blieb er erschrocken stehen. Rechts von ihm raschelte es im dürren Gebüsch. Ein steinaltes, zahnloses Weiblein humpelte auf den Weg und schleppte sich mühsam dem Schneider entgegen.

„Braucht Ihr Hilfe, Mütterchen?" fragte der mitleidig. „Habt Euch wohl verlaufen?"

Die Alte wackelte mit dem Kopf. „Nein, nein, junger Herr, verlaufen habe ich mich nicht", sagte sie mit zittriger Stimme und blickte den Schneider mit trüben, rotumränderten Augen an, „aber ich habe den ganzen Tag über nichts gegessen. Mich hungert so sehr, daß ich nicht weiß, ob ich noch bis nach Hause komme."

Der Schneider wollte das Brot und den Käse der Bauersfrau eigentlich erst in der Stadt als Nachtmahl verzehren. Nun fiel ihm sein satter Bauch ein. Er dachte: In Plauen wird sich schon etwas Eßbares finden. Damit zog er das Brot und den Käse hervor und reichte beides dem Mütterlein.

Die Alte murmelte einen Dank. Dann fuhr sie mit der Hand in die Schürzentasche und brachte ein kleines Ende goldbestickter Borte zum Vorschein, wie sie zum Schmuck herrschaftlicher Festkleider diente.

„Da, nehmt das, junger Herr", murmelte sie. „Mehr hab' ich nicht. Bewahrt es nur gut auf und gebt fein acht, daß Ihr es nicht verliert!"

Der Wind blies heftig und trieb dicke Nebelschwaden durch das Tal. Als sich der Dunst verzogen hatte, war die Alte spurlos verschwunden. Der Schneider wunderte sich doch sehr und fürchtete sich auch ein bißchen. Da es dunkel wurde, sah er zu, rasch nach Plauen hineinzukommen.

In der Herberge erzählte der Wirt, daß im Ort dringend ein Schneider gesucht würde. Ein Ratsherr brauchte einen neuen Staatsrock, doch die Schneider in der Stadt waren mit Arbeit so überlastet, daß sie ihm nicht helfen konnten. Der Ratsherr war schon ganz außer sich und verzweifelt, aber ohne einen neuen Rock konnte er wirklich nicht am Empfang des Amtshauptmannes teilnehmen. Der Empfang sollte am übernächsten Tag stattfinden, wenn der Amtshauptmann die Stadt besuchte.

Der Schneider ging zum Ratsherrn, der am Altmarkt wohnte, und er bekam den Auftrag zugesprochen. Bereits am nächsten Morgen saß er in einer Kammer und stichelte an dem Festgewand. Der Ratsherr versprach dem Schneider guten Lohn, wenn das Gewand beizeiten fertig würde.

So gab sich der Schneider redlich Mühe. Er schaffte seine Arbeit auch bis zum frühen Abend. Allerdings fehlte dem Gewand noch jegliche Zierde. Da erinnerte er sich des Stückchens Borte, die er von der alten Frau bekommen hatte. „Ja, ja“, sprach er vor sich hin, „davon müßte man drei oder vier Ellen haben, dann würde es wohl ein gar prächtiger Schmuck. Was soll ich aber mit diesem winzigen Ende beginnen?“

Schon wollte er das Stückchen Borte beiseitelegen, als er staunend sah, daß es zu wachsen begann und immer länger wurde. Sooft der Schneider etwas davon abschnitt, sooft wuchs die Borte wieder nach.

Als der Ratsherrn kam, um das neue Gewand anzuprobieren, war er erfreut, aber er wunderte sich doch über die Pracht, denn der

Schneider hatte nichts außer Nadel, Faden und Schere bei sich gehabt.

„Solche Borte hab' ich meinen Lebtag noch nicht gesehen", sagte der Ratsherr und musterte das zierliche Goldgestickte.

„Ich habe sie auch erst geschenkt bekommen", gab der Schneider arglos zurück.

Der Ratsherr stellte sich leutselig, und der Schneider berichtete die merkwürdige Sache, die ihm widerfahren war.

„Da habt Ihr aber Glück gehabt", sagte der Ratsherr schließlich neidisch. Weil er aber auch ein schlauer und gewitzter Kaufmann war, immer darauf bedacht, andere über den Löffel zu balbieren, kam ihm der Einfall, dem Schneider über Nacht die Wunderborte zu stehlen und sie zum eigenen Nutzen zu verwenden. Er lud den Schneider zu einem Umtrunk ein und führte dann seinen Plan aus.

Als der Schneider am nächsten Morgen um seinen Lohn bat, rief der Ratsherr seine Knechte zusammen, erklärte ihnen, der Schneider hätte falsch Maß genommen, ihn also betrogen, und er befahl den Knechten, den Schneider aus der Stadt zu jagen.

Erst vor dem Stadttor stellte der Schneider fest, daß der Ratsherr ihn nicht nur um seinen Lohn geprellt, sondern daß er ihm auch noch die Zauberborte entwendet hatte. „Ach, wäre ich nie in diese Stadt gekommen", klagte er.

Da stand plötzlich, wie aus dem Boden gewachsen, die alte Frau wieder vor ihm. Sie ließ sich alles berichten. Als sie hörte, daß der Schneider dem Ratsherrn von der wunderbaren Eigenschaft der Borte erzählt hatte, seufzte sie tief. Dann sagte sie, nun sei der Zauber vorbei, denn er sei nur solange wirksam, wie man nicht über ihn sprach. „Geht nur weiter flußaufwärts, junger Herr", riet sie abschließend.

„Dann kommt Ihr bald nach Oelsnitz. Bis dahin wird Euch schon geholfen sein!“

Mit diesen rätselhaften Worten hüllte sich die Alte in einen dikken, grauen Nebel und verschwand spurlos.

Derweil ging es im Haus des Ratsherrn hoch her. Alle Welt bewunderte das neue Gewand. Der Bürgermeister sagte neiderfüllt, daß er sich auch so etwas gewünscht hätte, und er befahl, den Schneider zu ihm zu bringen. Aber der Ratsherr sagte, der Schneider habe es sehr eilig gehabt, noch vor dem Morgengrauen davonzukommen.

Plötzlich stand eine alte Bortenhändlerin inmitten der feinen Herrn. „Fein hat der Schneider Euch ausstaffiert, lieber Herr“, wandte sie sich an den Ratsherrn. „Nur, er ist mir die Borte schuldig geblieben, die Euer Gewand so prächtig schmückt. Ich will das Geld dafür jetzt von Euch haben, Ratsherr!“

Dieser tat entrüstet. Er habe den Schneider reichlich entlohnt, von anderem wisse er nicht, die Alte sollte sich nur aus seinem Haus scheren, sonst wollte er seine Knechte rufen.

Da verwandelte sich die Frau vor den Augen der Anwesenden in ein Kalb mit struppigem Fell und roten Augen.

„Die Winselmutter!“ schrie der Bürgermeister entsetzt. „Sie bringt uns Not und Elend!“

Das Kalb aber wuchs und wuchs und wurde immer größer und reichte schon fast unter die Decke.

„So gebt doch endlich heraus, was sie fordert!“ riefen die anderen Herren angstvoll. „Oder wollt Ihr uns alle ins Unglück stürzen?“

Der Ratsherr, der davon gehört hatte, wer die Winselmutter war, die Geschichte aber nie geglaubt hatte, spürte, wie es ihm heiß und kalt den Rücken hinablief. Die Haare sträubten sich auf seinem Kopf,

Schweiß stand ihm auf der Stirn. Er tappte zu der Truhe, in der er sein Geld aufbewahrte.

„Beeilt Euch!“ schrie der Bürgermeister.

Schon füllte das Kalb die gesamte Stube aus. Alle mußten sich an die Wände drücken, um nicht zerquetscht zu werden. Der Ratsherr ergriff einen großen Beutel mit Goldstücken und warf ihn dem Kalb vor die Beine.

Da gab es einen lauten Knall, und in der Kaminesse winselte es schauerlich. Die Erscheinung war verschwunden - mit ihr auch das Geld.

Nur langsam beruhigten sich die Herren. Dann blickten sie den betrügerischen Ratsherrn an und wiesen mit zitternden Fingern auf ihn. Der Ratsherr war schlohweiß geworden. Er sah aus, als wäre er schon weit über die achtzig Jahre, dabei stand er erst im vierzigsten Lebensjahr. Sein Gewand hatte sich in einen alten, löchrigen Sack verwandelt, und die Goldborte daran war zu mürben Bindfäden geworden.

Der Schneider hatte inzwischen seine Wanderung fortgesetzt. Als er eben das Dorf Kürbitz hinter sich gelassen hatte, trat die alte Frau ein drittes Mal auf ihn zu.

„Hier ist Euer Lohn“, sagte sie. „Sprecht aber nie darüber, was Ihr gesehen und erlebt habt!“ Damit verschwand sie. Vor dem Schneider lag der Beutel Goldstücke, der zuvor dem Ratsherrn gehört hatte.

Der Schneider schwor bei sich, das Gebot der Alten einzuhalten. Bald erreichte er Oelsnitz. Dort wurde gerade ein tüchtiger Stadtschneider gesucht. Der Rat nahm den Neuankömmling freundlich auf und erteilte ihm das Gewerberecht.

Weil nun der Schneider ein fleißiger Mann war und auch das Geld ordentlich einteilte, hatte er stets reichlich Arbeit. Er freite ein gutes Mädchen und lebte mit ihr und seinen Kindern als geachteter Mann bis an sein Ende.

Zeit seines Lebens hat sich der Schneider von Oelsnitz gehütet, von seiner Begegnung mit der Winselmutter zu erzählen. Nicht einmal seiner Frau sagte er, welch seltsame Bekanntschaft er einst geschlossen hatte.

Von der Winselmutter gehen auch noch andere seltsame Geschichten um.

Einmal wanderte in finsterer Nacht ein Schmiedegeselle von Netzschkau nach Reimersgrün. Sein Weg führte dicht am Kuhberg vorüber. Der Schmied war gewiß kein ängstlicher Kerl, aber als er am dunklen Kuhbergwald vorbei mußte, fielen ihm alle Geschichten ein, die er über die Winselmutter gehört hatte.

Der Schmied machte sich Mut, indem er sich eins pfiff. Zwischendurch mußte er aber auch einmal Luft holen. Da wurde es ganz still um ihn.

Plötzlich hörte er es neben sich im Gebüsch winseln und rascheln. Die Haare stiegen dem braven Schmied zu Berge. Er war nicht mehr fähig, auch nur noch einen Schritt zu gehen.

Plötzlich trat ein altes Weib mit rotglühenden Augen zwischen den Bäumen hervor, verwandelte sich in ein großes schwarzes Tier, wurde gar übermannshoch und verschwand so geheimnisvoll, wie es aufgetaucht war, auf der anderen Wegseite im Gebüsch. Das Rascheln und Winseln verlor sich langsam.

Der Bursche glaubte, das Herz sei ihm stehengeblieben, und es dauerte lange, bis er wieder zu Sinnen kam.

So schnell ihn seine Beine trugen, rannte er nach Reimersgrün hinunter. Atemlos stürzte er in den Gasthof. Die Leute, die in der Gaststube beim Bier saßen, brauchten eine geraume Weile, bis sie von dem verstörten Schmied erfuhren, was geschehen war. Kaum hatte er jedoch alles berichtet, als er stocksteif wurde, so wie er sich auf seinen Stuhl gesetzt hatte, und weder Arm noch Bein rühren konnte. Man trug ihn nach Hause und legte ihn zu Bett, und darin lag er weiter so, als säße er immer noch auf dem Stuhl. Neun Tage und neun Nächte brachte er so zu. Er sprach nicht, bewegte sich nicht und nahm weder Speis noch Trank an.

Das war aber die Zeit, in der man nicht von der Winselmutter reden durfte, wenn man sie schon erblickt hatte. Der Schmied kam nach dieser Zeit wieder zu sich, und er hat sich fortan gehütet, jemals ein Wort über die Winselmutter zu sagen. Und das hat gebracht, daß er steinalt wurde. Am Kuhberg ist er aber zeit seines Lebens nicht wieder bei Nacht vorbeigegangen.

Die Leute erzählten sich die Geschichte natürlich weiter, und so hörte auch eines Tages ein Schuhmacher in Plauen von ihr. Der war ein fröhlicher und leichtherziger Geselle und machte sich aus solchen Spukgeschichten rein gar nichts. Im Gegenteil, er spottete, den Schmied von Reimersgrün habe bloß ein Igel erschreckt, mehr sei da nicht gewesen.

Nun ging der Schuhmacher abends gern ins „Klostereck“, wo es ein herzhaftes Bier gab. Weil er ein guter Handwerker war, hatte er auch immer ein paar Groschen gegen den Durst übrig.

Einmal, es ging schon auf Mitternacht, war der Schuhmacher auf dem Heimweg. Er mußte über den Altmarkt, wenn er zu seinem Haus in der Kirchgasse wollte.

Vom Rathaus schlug die Giebeluhr gerade Mitternacht, als der Schuhmacher mitten auf dem Altmarkt war. Da fuhr plötzlich eine alte Frau aus dem Gässel, wo die Fleischer ihre Stände besaßen. Der Schuhmacher wollte der Alten eben ein lustiges Gutenachtwort zurufen, als er sah, wie sich das Weib in ein Schaf, sodann in ein riesiges Kalb verwandelte und auf der gegenüberliegenden Seite des Marktes verschwand.

Verdutzt rieb sich der Schuhmacher die Augen. Die Sache mit dem Reimersgrüner Schmied fiel ihm wieder ein. Aber er wollte nicht an die Erscheinung glauben und schob es auf das Bier, von dem er vielleicht zuviel getrunken hatte. Außerdem durfte man ja nicht über eine solche Erscheinung reden, neun Tage und neun Nächte lang nicht. Sollte es ihm womöglich so gehen wie dem Schmied?

Rasch ging er nach Hause, legte sich wortlos in sein Bett und schlief schnell ein.

In der Nacht wurde er durch lautes Feuergeschrei geweckt. Als er erschrocken aus seinem Haus trat, stand schon halb Plauen in Flammen. Über hundert Wohnhäuser, Scheunen und Ställe brannten in dieser Nacht nieder.

Der Schuhmacher brauchte lange, ehe er sich wieder ins „Klostereck“ traute, weil ihn das schlechte Gewissen zwickte. Ihm hatte die Winselmutter das bevorstehende Feuer angezeigt. Immer, wenn sie in dieser Gestalt erschien, gab es Unheil, Hochwasser, Feuer oder Plünderung. Nur wer den Mut besaß, die Nachbarn zu warnen, konnte vielleicht damit rechnen, daß ihn die Winselmutter verschonte.

# Von den Waldmännchen und Moosweiblein

Im Vogtland findet man zur Weihnachtszeit oft lustige Figuren aus Tannenzapfen, Zweigen und Moos in den Fenstern. Diese „Moosmänneln“, wie man sie in der Mundart nennt, gehen auf Sagen aus der Zeit zurück, als in den Wäldern noch Waldmännchen und Moosweiblein, auch Moosweibel genannt, lebten.

Sie waren Zwerge, meistens nie größer als ein dreijähriges Kind. Immer trugen sie Kleider in der Farbe des Mooses und der Tannenzapfen. Ihre Gesichter waren runzlig, sahen aus wie gegerbtes Leder. Diese Waldgeister bewohnten hohle Bäume und verborgene Höhlen zwischen den Felsen, immer aber fand man ihre Wohnstätten mitten in undurchdringlichem Dickicht. Sie kamen häufig in die Dörfer. Wo die Menschen fleißig und bescheiden lebten, hielten sie sich am liebsten auf.

Sehr alte Großmütter erinnern sich noch vieler guter Ratschläge, die ihnen - über ihre Vorfahren - von den Moosleuten überliefert wurden. Häufig baten die Moosweiblein, die Bauersfrauen sollten doch beim Backen einen Laib Brot mehr in den Ofen schieben. Wenn ihr Wunsch erfüllt wurde, lohnten sie es, indem sie Seuchen und Krankheiten von Menschen und Vieh fernhielten.

Aber die Waldgeister, die allgemein für gutmütig galten, konnten sehr streng zu Reichen und Geizigen sein. Einmal ging ein Viehhändler, der seiner Raffsucht wegen verrufen war, von Markneukirchen nach Adorf. Er trieb zwei Kühe vor sich her, die er einem armen Bergbauern abgeschwatzt hatte. In Gedanken rieb er sich ein über das andere Mal die Hände, wenn er bedachte, wie er den Bauern betrogen hatte und welch hohen Gewinn er in der Stadt für die Tiere erzielen würde.

Da stand plötzlich ein winziges und uraltes Männlein vor ihm auf der Straße. Der Viehhändler betrachtete den Zwerg geringschätzig und hieß ihn, beiseite zu treten. Das Waldmännchen dagegen bat den Händler freundlich, sich eine Mütze voll Milch abmelken zu dürfen. Durst und Hunger würden es doch sehr beißen und zwicken.

„Scher' dich zu deinem Bettelpack!" schrie der Viehhändler erbost und hob die Peitsche, um das Männlein fortzujagen.

Bevor er zum Schlag ausholen konnte, war das Waldmännlein verschwunden. Zugleich spürte der Händler, daß seine lederne Geldtasche immer schwerer wurde. Verwundert schnallte er sie vom Gürtel und blickte hinein. Er stieß einen lästerlichen Fluch aus, denn alles Geld hatte sich in blanke, runde Kieselsteine verwandelt.

Noch ehe sich der Viehhändler von seinem Schreck erholen konnte, bemerkte er, daß die beiden Kühe vor ihm plötzlich zusammenschrumpften. Mit einem Mal standen an ihrer Stelle zwei mächtige Keiler auf der Straße. Sie senkten die Köpfe und gingen auf den Händler los. Der konnte sich nur mit einem verzweifelten Sprung auf den untersten Ast einer neben der Straße stehenden Eiche retten. Die beiden Keiler grunzten und schielten wütend zu dem Mann hinauf.

Laut rief der Viehhändler um Hilfe, doch um diese Zeit ging niemand mehr von Adorf nach Markneukirchen oder von Markneukirchen nach Adorf. So mußte er angstzitternd die ganze Nacht auf dem Baum verbringen. Beim ersten Morgenrot verschwanden die Wildschweine, als hätte sie der Erdboden verschluckt. Auf der Straße standen allein die beiden Kühe.

In diesem Augenblick näherten sich mehrere Bauern, die zum Markt wollten. Sie wunderten sich nicht schlecht, als sie den hartherzigen Viehhändler auf dem Baum sitzen sahen. Sie halfen ihm auch herunter und hörten staunend seine wirren Reden von Wildschweinen, Kieselsteinen und dem Waldzwerg.

„Der Geiz hat ihm den Kopf verdreht!" sagten die Bauern zueinander. Da sich der Händler um nichts in der Welt bewegen lassen wollte, von seiner Erzählung abzugehen, zogen die Bauern davon und ließen den verwirrten Geizkragen zurück.

Da stand plötzlich das Waldmännlein wieder auf der Straße und sprach: „Bringe den Handel mit dem Bauern in Ordnung, dann soll es für diesmal gut gewesen sein!"

„Ei, so mag sich der Bauer die verdammten Kieselsteine in seinen Kasten legen!" schrie der Viehhändler zornig und warf die Geldtasche auf den Boden. Da verschwand das Männlein sofort und mit ihm die Tasche.

Der Händler trieb mißmutig die beiden Kühe nach Adorf, und da an diesem Tag sehr viel Vieh aufgetrieben wurde, so mußte er zufrieden sein, seine Kühe endlich für den Preis loszuwerden, den er dem Bauern gezahlt hatte.

Der Bauer aber wunderte sich nicht schlecht, als im Kuhstall eine Geldtasche lag. Es war die des Viehhändlers. Darin befand sich soviel Geld, wie die beiden Kühe wirklich wert gewesen waren. Da der Bauer nicht nur fleißig, sondern auch sehr klug war, kaufte er sich zwei andere Kühe. Außerdem stellte er jeden Abend eine Schale voll Milch vor den Stall, die er am nächsten Morgen immer säuberlich geleert vorfand.

Ein anderes Mal machte sich eine Frau auf den Weg nach Oelsnitz, um sich dort bei dem Kaufherrn Wollgarn auf Borg zu erbitten. Sie wollte damit Strümpfe für ihre eigenen und anderer Leute Kinder stricken, denn der Winter stand vor der Tür. Der Kaufmann ließ sich aber nicht auf das Geschäft ein. Er forderte, daß die Frau nur für ihn stricken sollte, dann wollte er die Wolle dazu schon borgen. Entmutigt begab sich die arme Frau auf den langen Heimweg.

Nach einer Strecke Wegs setzte sie sich auf einen Baumstumpf. Sie war müde und verzweifelt. Sie begann zu weinen. Auf einmal sagte ein feines Stimmchen neben ihr: „Was fehlt Euch denn, gute Frau?"

Die Frau war erschrocken, als sie neben sich ein steinaltes Weiblein sitzen sah, das sie freundlich anblickte.

„Nun, sagt endlich, was Euch bedrückt!" forderte das Moosweiblein erneut.

Da berichtete die arme Frau, wie es ihr beim reichen Kaufherrn ergangen war. Sie sagte auch, daß sie sich keinen Rat mehr wüßte, denn das Schaf, das ihr immer die Wolle erbracht hatte, war von den Wölfen geholt worden, und für ein anderes war kein Geld im Haus.

Das Moosweiblein nickte bedachtsam. Es fuhr mit der Hand in seine Schürzentasche und zog ein dickes Wollknäuel hervor. „Davon könnt Ihr stricken, soviel Ihr nur wollt. Laßt aber nie jemanden anderen davon stricken, sonst reißt der Faden gleich ab!" Mit diesen Worten gab das Moosweiblein der Frau das Knäuel und verschwand.

Alles geschah genau so, wie es gesagt wurde. Es war nicht nur feinste Wolle, die das Knäuel hergab, sondern sie wurde auch nie alle, und darüber hinaus schien es, als arbeiteten die Nadeln von allein.

Viele Jahre strickte die Frau von dem Wunderknäuel. Alle Kinder trugen die wunderbar weichen und warmen Strümpfe, und da die

Frau stets mit dem zufrieden war, was ihr die Leute dafür gaben, so herrschte auch nie mehr Hunger im Hause, denn die Armen halfen sich stets, so gut sie konnten.

Eines Tages kam eine neugierige Nachbarin und erbat sich das Wunderknäuel. Die Frau glaubte, daß sich das Moosweiblein nicht mehr an die Sache erinnern würde, und sie gab der Nachbarin das Knäuel in die Hand. Da riß der Faden plötzlich, und die Nachbarin hatte nur noch ein Bällchen Spinnweben in der Hand.

Bei Markneukirchen stand eine Mühle. Dort waren die Moosweiblein gern zu Gast. Die Müllersfrau bewirtete die Zwerge mit Brot und Milch. Hin und wieder, wenn sie einmal Kuchen buk, gab sie auch davon einen Teil ab. Zum Dank dafür fütterten die Moosweiblein die Kühe mit kräftigen, seltenen Kräutern, so daß sie viel Milch gaben und ein glänzendes Fell bekamen. Überall beneidete man den Müller wegen seines prächtigen Viehs.

Eines Tages kam ein Mühlknecht und bat um Arbeit und Brot. Der Müller nahm ihn auf. Der Knecht war aber von bösem und rohem Gemüt. Als er abends die Moosweiblein erblickte, die sich an Brot und Milch gütlich taten, fluchte er gräßlich und jagte sie mit einem Knüppel vom Hof. Er glaubte sogar, seinem Herren damit einen Dienst erwiesen zu haben.

Von Stund an wurden die Moosweiblein nicht mehr in der Mühle gesehen. Es half auch nichts, daß der Müller den Knecht vom Hof wies und wieder Brot und Milch vor die Tür stellte. Die Moosweiblein kamen nicht zurück.

Eine andere Geschichte geht so: Die Waldgeister hatten einen besonders schlimmen Feind, das war der Wilde Jäger. Wo immer er sie traf, verfolgte er sie erbarmungslos.

Einmal arbeitete ein Bauer auf dem Feld, als ein Moosweiblein hastig zu ihm rannte und bat, er möge es doch um Himmelswillen vor dem Wilden Jäger verbergen.

Der Bauer war mitleidig und gebot dem Waldweiblein, unter den Pflug zu kriechen. Er wolle sich auf den Sterz setzen und Wache halten.

Über dem Wald zogen schwarze Wolken auf. Es war, als stürmten viele Pferde im wilden Galopp durch die Lüfte. Dazu johlte und kreischte es, daß dem Bauern die Haare zu Berge standen. Trotzdem hielt er sich tapfer und blieb auf seinem Posten. Bald verzog sich die wilde Jagd. Es wurde wieder hell, und die Sonne schien wie vorher.

Das Moosweiblein dankte dem Bauern herzlich und steckte ihm eine Handvoll Birkenlaub in die Tasche. Dann verschwand es im Dikkicht.

Der Bauer wollte das Geschenk schon wegwerfen, als er sich noch rechtzeitig erinnerte, was ihm seine Großmutter von der Dankbarkeit der Waldgeister erzählt hatte. Und richtig! Als er zu Hause ankam, entdeckte er, daß sich das Birkenlaub in pures Gold verwandelt hatte.

Etwas anderes erlebte ein junger Holzbauer, der in der Nähe von Schöneck im Walde wohnte. Er war fleißig und bescheiden und konnte dennoch seine kranke Mutter und seine Geschwister nicht ernähren, weil der fürstliche Forstheger überall mit dem Lohn knauserte. Der Holzbauer hatte die Tochter seines Nachbarn liebgewonnen. Beide hätten gern geheiratet, aber solange sie sich keine eigene Hütte bauen konnten, war an Hochzeit nicht zu denken. So beschloß der junge Mann schweren Herzens, von den Bergen in die Täler zu wandern, um sich einen Dienst zu suchen, der besser entlohnt wurde. Er hoffte, so viel zu verdienen, daß er sowohl seine Mutter und den Geschwistern helfen und sich selbst endlich seine Hütte bauen konnte. Er verabschiedete sich von seinen Lieben und machte sich betrübten Sinnes auf den Weg.

Er war schon eine Weile fortgegangen, als er Lust verspürte zu rasten. So setzt er sich auf den Stamm einer mächtigen Tanne, die der Sturm umgeworfen hatte, zog sein Brot hervor und begann zu essen.

Da raschelte es hinter ihm im Unterholz. Gleich darauf standen ein Waldmännchen und ein Moosweiblein vor ihm. Der Holzhauer lud die beiden freundlich ein, an der Mahlzeit teilzunehmen.

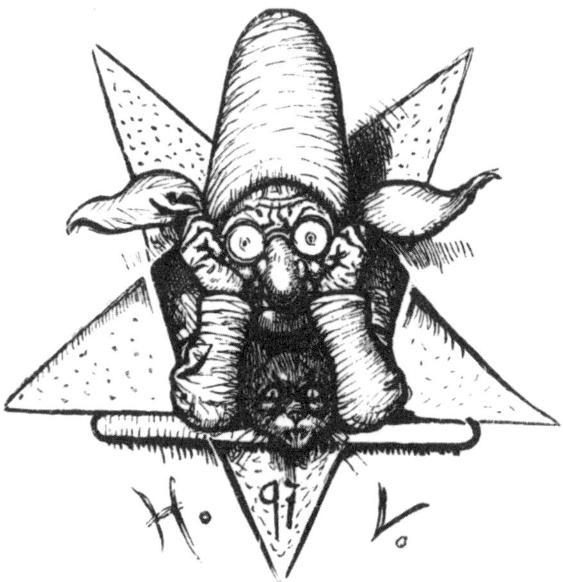

Plötzlich wurde es finster. Schon brauste Sturm in den Baumwipfeln. Blitze zuckten blendendhell, Donner krachten ohrenbetäubend.

„Der Wilde Jäger kommt!“ stammelte das Waldmännchen ängstlich.

Das Moosweiblein bat: „Hilf uns, guter Bursche! Schneide schnell drei Kreuze in den Stamm, und laß uns darunter kriechen!“

Rasch tat der Holzbauer, worum er gebeten wurde. Da brauste der Wilde Jäger mit seinem Gefolge auch schon heran. Als er aber die drei Kreuze entdeckte, fluchte er, denn vor diesem Zeichen war er machtlos. So mußte er unverrichteterdinge davonziehen und seinen wilden Ritt fortsetzen. Die zwei krochen erleichtert aus dem Versteck hervor.

Der Bursche wollte keinen Dank, doch das Waldmännlein steckte ihm einen Tannenzweig an den Hut. Gleich darauf verschwanden die beiden guten Waldgeister.

Nachdenklich setzte der junge Mann seinen Weg fort. Verwundert spürte er, daß sein Hut immer schwerer wurde. Als er ihn schließlich abnahm, um nachzusehen, woran es wohl läge, sah er mit Staunen, daß sich der Zweig in pures Gold verwandelt hatte.

Der Holzbauer beschloß umzukehren. Es wurde bereits dunkel, als er wieder zu Hause ankam. Die Mutter und die Geschwister freuten sich, ihn wiederzusehen. Am meisten aber freute sich die Nachbarstochter.

Der Holzbauer setzte das Zweiglein in einer verborgenen Ecke des Gartens in den Boden. Dort trieb der Wunderzweig weiter. Seine Nadeln waren immer aus blankem Gold. Da der Bursche dennoch fleißig seiner Arbeit nachging, auch nicht hochmütig wurde und geizig, trieb der Zweig immer weiter. Der einst arme Holzbauer konnte nun seiner Mutter einen guten Arzt bezahlen und seine Geschwister ein ordentliches Handwerk lernen lassen. Sich selbst baute er eine Hütte. Dann führte er seine Liebste zur Hochzeit. Der wundersame Zweig indes war eines Tages spurlos verschwunden. Die Waldgeister hat der Holzbauer nie wieder getroffen.

Der Kohler-Veit
A.V.

# Vom Städtchen Schöneck

Die kleine Stadt Schöneck ist die am höchsten gelegene Stadt des Vogtlandes. Sie liegt 800 Meter über dem Meeresspiegel. Ihre Geschichte reicht bis in das 13. Jahrhundert zurück. Interessant ist zum Beispiel zu erfahren, wie der Ort zu seinem Namen kam. Dazu gibt es eine schöne Geschichte.

In den tiefsten Wäldern lebte ein armer Köhler mit seiner jungen Frau. Sie schlugen sich recht und schlecht durch's Leben. Die Schmiede, die die Kohle brauchten, waren auch arm und konnten nur selten etwas bezahlen, so daß immer Not in der Köhlerhütte war. Trotzdem verloren der Köhler und seine Frau nicht den Mut und arbeiteten fleißig Tag für Tag weiter.

Eines Tages war der Landesherr mit seinem Gefolge zur Jagd in die Wälder geritten. Da der Fürst ein ungestümer Reiter war, geschah es, daß er von seinem Gefolge getrennt wurde, als er einen Hirsch verfolgte. Immer tiefer geriet er in den Wald. Nach einiger Zeit mußte er feststellen, daß er sich verirrt hatte. Nun war guter Rat teuer. Der Fürst stieg vom Pferd, weil er in dem Dickicht nicht mehr reiten konnte, und begab sich auf die Suche nach Menschen.

Mit einem Mal stieg Holzkohlenrauch in seine Nase. Da mußte eine Köhlerei in der Nähe sein! Erleichtert machte sich der Fürst auf den Weg und ging gewissermaßen seiner Nase nach.

Aber, o Schreck! Plötzlich brummte es drohend im Unterholz, und gleich darauf trottete ein riesiger brauner Bär auf den Landesherrn zu.

Der Fürst rüstete sich zum Kampf. Aber der Bär erwies sich als ungeheuer stark. Mit einem Hieb seiner Tatze zersplitterte er den Schaft des Spießes. Nun mußte sich der Fürst mit dem Schwert verteidigen. Der Kampf schien aussichtslos. Das Roß des Fürsten wieherte angstvoll und galoppierte davon.

Der Köhler aber, dessen Hütte nicht weit entfernt war, vernahm den Kampflärm im Wald. Er hörte das Pferd, vernahm die Hilferufe des Fürsten und das zornige Brummen des Bären.

Er beschwor seine Frau, sich in der Hütte zu verbergen und die Tür fest zu schließen. Dann ergriff er einen gewaltigen Ast und rannte dem Lärm entgegen. Schon war die Lage für den Fürsten aussichtslos geworden; denn sein Schwert war zerbrochen. Er konnte sich nur noch mit der halben Klinge verteidigen. Da sprang der Köhler herbei. Mit einem wuchtigen Hieb streckte er den Bären nieder. Der Fürst konnte erleichtert aufatmen und dankte dem Retter in höchster Not aufrichtig.

„Ich gebe dir das Recht, einen Platz zu suchen, auf dem du Holzfreiheit hast und Kohle brennen kannst, soviel du nur willst, ohne jemals Abgaben leisten zu müssen!“ sagte der Fürst.

„Wie soll ich aber beweisen, daß Ihr mir Euer Wort gegeben habt, Herr?“ fragte der Köhler.

Da reichte ihm der Fürst das zerbrochene Schwert und zog obendrein seinen Siegelring vom Finger. „Das zeige jedem, der dir keinen Glauben schenken will!“ sprach er.

Nachdem der Köhler seinen Gast bewirtet hatte, führte er den Fürsten in den nächsten Ort, wo das Gefolge schon ratlos über das lange Ausbleiben des Herrn war. Dann aber machte er sich mit seiner Frau auf den Weg. Sie gingen mehrere Tage durch die Wälder, bis sie eines Morgens den Gipfel eines langgezogenen Berges erreichten. Als sie aus dem Wald traten, breitete sich unüberschaubar weit das Land zu ihren Füßen aus.

„Das ist eine schöne Ecke!“ sagte die Frau des Köhlers erfreut. „Hier wollen wir bleiben und uns ansiedeln!“

So geschah es auch. Bald kamen Bauern, die sich in der Nähe der neuen Köhlerei niederließen. Ein Schmied errichtete seine Werkstatt. Und alle Leute erfuhren die wunderbare Geschichte des Köhlers. Sie nannten den Ort, der entstanden war, „Schöneck“.

Viele Jahre später konnte oder wollte sich aber bei der Herrschaft keiner mehr an das Wort des Fürsten erinnern. So geriet das Städtchen auch in die Abhängigkeit neuer Herren, und es erging ihm lange Jahre wie den meisten Dörfern und Städten des Vogtlandes nicht mehr gut.

# VOM VOGTLAND UND VON HERMANN VOGEL

In diesem Buch habe ich aus dem reichen Schatz der Sagen- und Märchenwelt des Vogtlandes erzählt. Vielen Menschen ist dieser Teil unseres Landes nur wenig bekannt. Deshalb möchte ich ein wenig aus der Geschichte meiner Heimat erzählen.

Im Südwesten Sachsens liegt das Vogtland, das von Norden her bis an die Grenze zur Tschechischen Republik ansteigt. Es umfaßt die Kreise Plauen, Reichenbach, Oelsnitz, Auerbach und Klingenthal.

Berge mit 800 bis 900 Meter Höhe sind nicht selten. Ausgedehnte Wälder findet man vor allem im oberen Vogtland. In den Tälern siedeln die Menschen seit mehr als tausend Jahren. Neben lebenerfüllten Städten bestimmen auch heute noch zum Teil weit abgelegene Dörfer das Bild der Landschaft. Fleißige Menschen leben dort wie in allen anderen Teilen unseres Landes auch. Sie sprechen eine Mundart, die dem Obersächsisch-Erzgebirgischen entstammt, aber auch Elemente des fränkischen und bayerischen Dialekts enthält. Das hat seine Ursache in der Besiedlung des Vogtlandes. Vor über tausend Jahren lebten hier Sorben. Noch heute erinnern viele Ortsnamen an diese Zeit, denn diese Namen enden alle mit „itz“ wie beispielsweise Kürbitz, Weischlitz, Magwitz oder Möschwitz. Dann zogen Bauern, Müller und Handwerker aus Franken, Bayern und Thüringen in das fast noch unerschlossene Waldland. An diese Zeit erinnern Ortsnamen, die mit „grün“ enden wie Fröbersgrün, Helmsgrün, Stützengrün, Wernitzgrün.

Im Gegensatz zu anderen deutschen Ländern wurde das Vogtland nicht von Grafen, Herzögen oder Kurfürsten regiert, sondern von Vögten - daher auch der Name Vogtland. Die Bezeichnung ist von dem lateinischen Wort vocare (= rufen) abgeleitet worden und bedeutet „der (ins Land) Gerufene".

Die Vögte, für ihr Amt mit weitgehenden Machtbefugnissen ausgestattet, waren Beauftragte von Herrschern. Übrigens ist es in der deutschen Geschichte einmalig, daß eine solche Herschaftsform über Jahrhunderte in Kraft war.

Mit Fleiß und Ausdauer rangen die Menschen den Bergen und Wäldern Land ab und bebauten es, gründeten Dörfer und Städte. Aber immer wieder setzten Kriege und Seuchen der Arbeit von Generationen ein Ende. Dennoch gaben die Menschen nie auf und begannen stets ihr Werk von neuem.

Das kleine Vogtland besitzt aber auch Bauwerke, die einmalig auf der Erde sind. So stehen hier die beiden größten Ziegelbrücken der Welt. Musikinstrumente und textile Spitzen haben den Namen des Ländchens weithin bekannt gemacht. Und schließlich stammt der erste deutsche Weltraumflieger Sigmund Jähn aus dem Vogtland.

Es werden natürlich auch im Vogtland eine Vielzahl von Sagen, Legenden und Geschichten erzählt, die sich über die Jahrhunderte hinweg erhalten haben. Zum Teil stammen sie noch aus der Zeit der ersten sorbischen Siedler wie die Sagen vom Wilden Jäger und von den Nixen in der Mulde. Aber auch die von den Waldmännchen und den Moosweiblein und von der Winselmutter sind sehr alt.

Ich habe sie aufgeschrieben und neu erzählt, damit sie für heutige Leser - und das sind nicht nur Kinder, wie ich weiß - verständlich sind.

Die Illustrationen stammen von Hermann Vogel, der von 1854 bis 1921 lebte, und der ein gebürtiger Vogtländer war. Es hat seinen guten Grund, daß Autor und Verlag ausgerechnet auf ihn zurückgegriffen haben, denn es war Absicht, den „Vogtlandmaler“ wieder stärker ins Bewußtsein zu setzen. Was gibt es nicht alles zu entdecken in Hermann Vogels wundersamer Märchenwelt! Nixen, Lindwürmer, Waldtiere, eine Hexe - oder ist es gar die Winselmutter? - und keiner kann erraten, was die vielen Zwerge noch alles vorhaben.

Hermann Vogel liebte seine vogtländische Heimat und ihre Menschen sehr. Aus dem fast unerschöpflichen Quell von Sagen und Märchen schöpfte er seine Ideen und bevölkerte seine Zeichnungen, Skizzen und Bilder mit Tieren und Sagenfiguren. Dabei liebte er das Detail, und auch der augenzwinkernde Humor kam nie zu kurz.

Der Kunsthistoriker Frank Weiß, ein ausgezeichneter Kenner des vogtländischen Malers, schreibt über Hermann Vogel: „Seine Kunst wollte einfach und verständlich, frei von Moden und Künsteleien, ethisch klar und volksliedhaft wie die seiner Vorbilder, Ludwig Richter und Moritz v. Schwind, sein.“

Ein Meisterwerk Hermann Vogels stellten die Illustrationen zu den Kinder- und Hausmärchen der Gebrüder Grimm dar, entstanden zwischen 1892 und 1894. Überall entdeckt man Motive aus seiner vogtländischen Heimat, auch aus dem Dorf Krebes, in dessen Nähe der Burgstein steht, denn der Burgstein hatte es Hermann Vogel besonders angetan. Auf einer felsigen Bergkuppe stehen zwei Kirchenruinen aus dem Mittelalter, und tief im Tal träumt die Kienmühle von der Vergangenheit. Dunkle Wälder rauschen um die verwitternden Mauern, deren Geschichte von Sagen und Geheimnissen umwoben sind.

Obwohl Hermann Vogel zu seiner Zeit recht angesehen war - er wurde 1909 Professor und man benannte auch Straßen und Plätze nach ihm -, blieb er bescheiden und seiner Heimat zugetan. Er streifte mit seinem treuen Dackel durch die Wälder und Dörfer, immer den Skizzenblock bereit. Wenn ihn jemand als „Meister“ oder „Professor“ ansprach, lehnte Vogel das mit den Worten ab: „Mach när net esu viel Brie mit mir!“ Das heißt, man sollte kein Aufhebens um diese Titel machen.

In Krebes, wo er von 1892 bis zu seinem Tode 1921 lebte und arbeitete, wurde er neben der Kirche beigesetzt. Ein schlichter großer Felsstein, auf dem eine Bronzetafel das Bild des Malers zeigt, und eine Inschrift erinnern an Hermann Vogel. Der Text lautet: „Hier ruht einer, der hatte den Wald so lieb.“ Sonst nichts, kein Name, keine Daten.

Damit sein Werk lebendig bleibe und noch lange die Phantasie der Kinder und auch der Erwachsenen anregte, wurden die Sagen und Märchen aus dem Vogtland, die in diesem Buch zu lesen sind, mit Zeichnungen des Vogtlandmalers Hermann Vogel illustriert.

Alexander Jesch

FINIS
H.V. 1901.

# Ortsverzeichnis

AUS DEM VERLAGSPROGRAMM

Wolfgang Schneider

# DIE LIEBE IN DER WASSERBURG

Sagen & Sagenhaftes aus Weimar und Umgebung

ISBN 3-9803600-6-7
DM 39,80

IMPRESSUM:


Satz: RhinoVerlag
Druck: Druck- und Verlagshaus Erfurt seit 1848
Lektor: Ulrich Völkel
Gestaltung: Frank Naumann, AGD
Illustrationen: nach Zeichnungen von Hermann Vogel

RhinoVerlag, D-99310 Arnstadt/Thüringen
Plauesche Straße 8, Telefon/ Fax 03628 - 60 33 45

ISBN 3-9803600-7-5
24,80 DM

H. Vogel. 95.